Giancarlo Fornei

PENSO POSITIVO

Le Strategie del Pensiero Positivo
per Cambiare il Tuo Modo di Pensare

Titolo

"PENSO POSITIVO"

Autore

Giancarlo Fornei

Editore

Autostima.net

Siti internet

www.Autostima.net

www.giancarlofornei.com

Sommario

Chi è Giancarlo Fornei

Da più di vent'anni si occupa di consulenza e formazione in area marketing turistico e servizi, comunicazione efficace, autostima, motivazione e tecniche di vendita. Da buon marketer ha sempre anticipato gli eventi e, dopo aver conosciuto e cominciato a studiare la Programmazione Neuro-Linguistica (PNL) già nel lontano 1994, ha cominciato ad occuparsi di coaching dal settembre 2003.

Svolge la libera professione prestando la propria consulenza ad aziende (in particolar modo nel franchising), istituti scolastici superiori, enti pubblici e agenzie formative. **Practitioner** di PNL, è un **Business & Personal Coach** nell'ambito della valorizzazione delle risorse umane, **con particolare orientamento alla comunicazione persuasiva, motivazione, autostima e tecniche di vendita.**
La maggior parte dei partecipanti ai suoi seminari apprezza soprattutto l'entusiasmo e la passione che mette nel trasmettere le sue conoscenze ed esperienze. La stessa passione e lo stesso entusiasmo che lo hanno contraddistinto in tutta la sua vita, nella buona e nella cattiva sorte.

Introduzione

Scrivere un libro è difficile. Scrivere un libro capace di motivare gli altri lo è ancora di più: significa assumersi enormi responsabilità. Per questo mi sono fermato a riflettere a lungo.

Se uno scrive un romanzo d'amore o di avventura, può piacere o no, anche se il tutto si riconduce alla leggibilità e piacevolezza del testo. Nel mio caso volevo **scrivere per motivare** e per far capire alle altre persone che *se uno crede può anche farcela*; che si può riuscire nella vita anche senza le famose "spintarelle", senza le raccomandazioni, oppure senza quello che io chiamo il "vile denaro". Naturalmente in questo modo è molto più difficile imporsi, arrivare al successo. Ma si può, altroché se si può.

Il libro parla esattamente di questo: **di come riuscire ad avere successo nella vita senza raccomandazioni e senza essere nati ricchi,** facendo leva su una sola, grande risorsa: **CREDERE IN SE STESSI.**

Questo libro parla di come bisogna *evitare di arrendersi*, di come *combattere le avversità* senza farsi schiacciare e *senza piangersi addosso*. Parla di come sia importante, per non dire vitale, *avere stima di se stessi e credere in quello che si fa*. Questo libro parla anche di Te e delle Tue potenzialità. Questo libro parla del successo, e io conosco un solo tipo di successo: **quello che consente di fare della Tua vita ciò che più desideri**. Condividi questa mia affermazione? Se ritieni di poter essere l'autore del Tuo futuro, del Tuo destino, questo ebook è adatto a Te.

«Un uomo (o una donna), se ci crede veramente, può diventare re». Il significato di quest'affermazione è molto più profondo e veritiero di quanto possa sembrare; una persona, infatti, non deve necessariamente possedere un castello o una reggia per sentirsi un re. **Una persona può sentirsi già un re nel momento in cui è in grado di gestire quello che gli accade intorno e indirizza, nel limite del possibile, gli eventi della vita. Della sua e, magari, di quella di qualcun altro.**

Nessuno può stabilire se Tu sia un re o no se non Tu stesso. Io, per esempio, mi sento un piccolo sovrano in un regno ancora più piccolo: i miei seminari. Quando sono in aula e *trasmetto positività, passione, entusiasmo e spiego come cambiare il proprio modo di pensare* ai partecipanti, mi sento un piccolo re. Quando con il coaching riesco ad *aprire nuove prospettive* nella mente delle persone che decidono di lavorare con me, soprattutto dove le stesse non vedevano più nessuna speranza, io mi sento un piccolo re. Quando racconto alle persone come ho cambiato la mia vita e aiuto anche una sola nuova persona a cambiare in meglio la propria, io mi sento un re.

Credimi: anche Tu puoi diventare un re lavorando su di Te, giorno dopo giorno. Ma Ti avviso: **se non credi di poterlo diventare, mi dispiace, difficilmente lo potrai mai essere.**

Parto dal presupposto che tutti gli esseri umani che io conosco desiderano successo, ricchezza, fascino e potere. Tu no? Saresti un caso raro, molto raro. Ma se tutti desideriamo queste cose, le stesse identiche cose, come mai solamente una piccola percentuale di persone riesce ad ottenerla? In realtà dovresti cambiare punto di vista e porti questi due interrogativi:

1. **Chiediti quanti vogliono *veramente* queste cose.**
2. **Adesso domandati quanti ci credono sino in fondo.**

Ho scoperto che una delle differenze tra un vincente e un perdente è proprio questa: *il diverso sistema di Credenze.* Desiderare è una cosa, volerla fortemente e crederci è ben altro affare. Devi credere fortemente in quello che fai, in quello che dici e in quello che trasmetti. Poniti questa domanda: **se non ci credi Tu, in quello che stai facendo, perché dovrei crederci io o un altro?**

Con il passare degli anni sono diventato sempre più consapevole che per avere successo e diventare vincenti nella vita bisogna applicare tutte e sei le seguenti regole:

1. **Pensare in positivo e avere le giuste credenze** (dette anche "convinzioni positive"). È un presupposto determinante per credere in se stessi e in quello che si fa, senza lasciarsi condizionare dagli altri o dai propri insuccessi e/o fallimenti.

2. **Imparare a comunicare bene.** È stata una componente importante in passato e diventa assolutamente indispensabile nel mondo in cui viviamo, per interagire con le persone che ci circondano (nel lavoro, in famiglia, nel sociale, capirle e, soprattutto, farsi capire.

3. **Sapersi vendere bene.** Tutti noi dobbiamo "vendere qualcosa" e per vendere bisogna creare interesse e simpatia. Chi si abitua a presentare bene se stesso, acquista una tale disinvoltura e padronanza da riuscire a presentare bene qualsiasi cosa.

4. **Gestire i rapporti interpersonali.** Coloro che hanno un'attività che si svolge a contatto con il pubblico dovrebbero imparare a trattare con la gente, nonché a sorridere, in modo da metterla in uno stato d'animo corretto e quindi in un atteggiamento mentale positivo e aperto

5. **Definire e focalizzare i propri obiettivi.** Ho imparato che se voglio raggiungere qualcosa devo prima fissarmi degli

obiettivi chiari e stimolanti (meglio se multisensoriali), darmi delle scadenze e controllarne passo dopo passo i risultati.

6. Acquisire le giuste competenze. Senza le competenze è impossibile diventare esperti in qualche cosa. Si acquisiscono prima studiando, poi documentandosi sempre più su una data materia o argomento, in seguito attraverso l'esperienza diretta e ancora tenendosi costantemente aggiornati.

Questo ebook analizza a fondo proprio la prima regola: **Pensare in Positivo e avere le giuste Credenze**. È una vera e propria *Guida al Pensiero Positivo*, con tanto di esercizi da compiere ogni giorno. Leggilo una prima volta tutta di un fiato. Poi riprendilo in mano e comincia a mettere in pratica, ogni giorno, un concetto e un esercizio diverso.

Agisci ogni giorno, con costanza e determinazione. Ogni giorno fa' un piccolo passo in avanti, arriva a fine settimana e ricomincia da capo; settimana dopo settimana, fino a fare in modo che i concetti e i principi che espongo nell'ebook diventino parte integrante del Tuo inconscio. Se alla lettura farai **sempre** seguire l'azione otterrai i primi benefici e cambiamenti positivi già nel giro di poche settimane. Ricordati: **il segreto del successo nella vita è nell'AGIRE.** Un sincero "in bocca al lupo" e buona lettura.

Giancarlo Fornei

Giorno 1

Conoscere il cervello e le sue potenzialità

Quando io e Te siamo nati, così come tutti gli esseri umani di questo pianeta, abbiamo ricevuto un dono meraviglioso: il cervello. Hai presente la Ferrari che vinceva tutto un paio di anni fa? Per intenderci, quella guidata da Michael Schumacher?! Ecco, il Tuo cervello è come quella Ferrari: una macchina semplicemente perfetta, con delle potenzialità praticamente illimitate.

Il Tuo cervello usa un sistema binario, basato su pensiero e linguaggio. Significa che tutto ciò che pensi e tutto ciò che dici influenza il Tuo cervello e alla fine lui lavora per Te o contro di Te. Per questo devi imparare a farlo funzionare bene, a influenzarlo in maniera positiva. Impara a dargli gli stimoli giusti, così da farlo lavorare per Te e scoprirai, per magia, che può aiutarti a raggiungere i Tuoi obiettivi, ciò che più desideri e vuoi.

Pensa che con una piccola dose di carburante (dato dall'**ossigeno** del sangue e da un po' di **glucosio**) ha la capacità di elaborare una miriade di informazioni al secondo. Il cervello riesce a fare un'infinità di cose, eppure, nel 2008, gli esseri umani conoscono tutto (o quasi) del funzionamento degli organi del loro corpo e poco, ancora molto poco, sul cervello e le **meraviglie della mente inconscia**.

Quel poco che conosciamo (e forse proprio perché è poco), rende la materia affascinante, direi quasi eccitante. Senza scendere in particolari troppo scientifici (sarei la persona meno adatta), vorrei aiutarti a conoscere i meccanismi principali del cervello, per portarti alla consapevolezza di quanto sia importante, anzi fondamentale, in tutti i giorni della nostra vita; di come la diriga e, perché no, di come poter imparare ad utilizzarlo in modo migliore, cioè, come dicevo nella pagina precedente, a farlo lavorare per Te. Gratuitamente.

Comincio col ricordarti che il sistema nervoso è collegato al cervello in modo incrociato: l'emisfero sinistro controlla la parte destra del Tuo corpo e l'emisfero destro controlla la parte sinistra.

Il cervello è la Tua **centrale operativa**. Riceve i segnali provenienti dai Tuoi **organi percettori** (sede dei cinque sensi), cioè gli occhi, le orecchie, la pelle, la lingua, il naso, e invia i **comandi** destinati alle varie parti del corpo. Il Tuo cervello è composto da **neuroni** e **fibre nervose**. Secondo le stime più recenti ognuno di noi possiede circa **100 miliardi di neuroni,** che equivalgono a tanti piccoli e potenti computer. Si dice anche che quando nasciamo ne abbiamo qualcosa come 200 miliardi, poi, ne bruciamo una parte più o meno consistente in funzione del nostro stile di vita.

Loro, i neuroni, hanno il compito di **interpretare** le informazioni che ricevi dai Tuoi organi sensori, **trasmetterle al cervello** e **riportare ai vari organi** del Tuo corpo le istruzioni su cosa fare. Insomma, dicono al Tuo cervello cosa fare, quando farlo e come farlo. Simpatici questi neuroni, non trovi?! Meglio evitare di farli "ubriacare" di informazioni sbagliate, altrimenti chissà quali e quanti danni potrebbero provocarci.

Adesso immagina per un solo istante di essere a casa, davanti al Tuo computer, e di collegarti ad internet. Mentre Ti colleghi passi virtualmente attraverso un altro computer, anch'esso collegato in rete e lasci o prelevi un po' di informazioni. Poi Ti colleghi a un altro computer e lasci o prelevi un altro po' di informazioni e poi fai la stessa cosa con un altro computer e un altro ancora e così via. Questa è la rete, simile al reticolo neurale, dove ogni computer corrisponde a un neurone. *Ogni neurone può quindi, oltre ad agire in maniera indipendente, comunicare e scambiare informazioni con un altro neurone* e un altro ancora. Insomma: con tutto il reticolo neurale.

Qualcuno parla di un reticolo straordinario, composto di circa **160 Km** di filo di **fibre nervose**. Impressionante, vero? Quando ho letto la prima volta che il mio cervello possedeva qualcosa come 100 miliardi di neuroni e che aveva in testa un reticolo così lungo, stentavo a crederci. Continuavo a ripetermi che non era possibile. Poi ho cominciato a leggere un libro sul cervello e i meccanismi della mente, poi un altro e un altro ancora, sino a leggerne decine e decine. Ho scaricato dalla rete articoli su articoli e alla fine mi sono convinto; ho così scoperto che esiste una meraviglia all'interno del corpo umano: **il cervello.**

Segreto n° 1: il cervello è una macchina perfetta, con delle potenzialità praticamente illimitate. Spetta a Te nutrirlo bene, giorno dopo giorno, tutti i giorni.

Capisci con cosa hai a che fare? Bene, allora lascia che Ti racconti un'altra storia. Nel 1981 il neurologo **Roger Sperry**, del **California Institute of Technology**, vinse il premio Nobel per la sua famosa *Teoria sul cervello diviso,* frutto degli studi e delle ricerche che aveva effettuato su pazienti che soffrivano di epilessia e che erano stati sottoposti al taglio chirurgico del corpo calloso, con la conseguente separazione dei due emisferi. Così **Sperry** scoprì che a ciascun emisfero è possibile associare differenti specializzazioni; il risultato di quelle ricerche è il seguente schema:

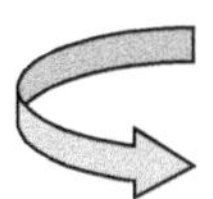

**L'emisfero sinistro (detto parlante)
è razionale, logico, deduttivo, matematico,
pratico, analitico, gestisce il linguaggio,
ha la memoria breve (ripetitiva);**

**L'emisfero destro (detto silente)
è emotivo, metaforico, creativo, intuitivo,
immaginativo, percepisce lo spazio,
ha la memoria lunga (associativa).**

Da molti anni la scienza sa che la **funzione del linguaggio** è nell'**emisfero sinistro**, ecco perché viene comunemente chiamato "dominante" o "parlante". Ciò è dovuto al fatto che la struttura fondamentale deputata allo stesso linguaggio, detta **area di Broca** (dal nome del suo scopritore), è situata nella parte prefrontale dell'emisfero sinistro. Fino a pochi anni fa si continuava a considerare l'emisfero destro meno evoluto del sinistro e quindi meno importante. Invece ognuno degli emisferi svolge dei compiti unici; si tratta di due veri e propri "specialisti".

Insomma, ognuno di noi – anche Tu – ha due emisferi e dunque due modi di conoscenza e di percezione dei dati sensoriali che arrivano dall'esterno. Solo che *i due emisferi elaborano le informazioni in maniera diversa: uno in maniera razionale e logica, l'altro in maniera creativa e immaginativa.*

L'**emisfero sinistro** è quello razionale, è la sede del conscio; esso elabora le informazioni vitali a breve termine. L'**emisfero destro**, invece, è quello creativo ed è sede dell'inconscio, inoltre elabora informazioni a medio e lungo termine. Volendolo definire come il grande psichiatra viennese **Sigmund Freud,** potremmo dire che *«l'inconscio è quella parte della mente che fa cose meravigliose di cui non mi accorgo»*. Infine, i due emisferi sono messi in comunicazione tra loro dal **corpo calloso**, un grosso fascio di fibre nervose.

Pensa che nelle donne il corpo calloso è più sviluppato che negli uomini; ciò permette loro di trasferire le informazioni da destra a sinistra, e viceversa, in maniera molto più rapida. Ne consegue che avendo il corpo calloso più grande, le Signore ci battono in velocità e intuizione e hanno quindi una maggior rapidità e flessibilità nei processi mentali.

Ecco perché, secondo il mio modesto parere, le donne sono molto più intelligenti e intuitive di noi maschietti e in molti campi ci danno dei punti. Ecco perché gli uomini hanno paura a mettere una donna in un posto che conta, dove possa dirigere e guidare: finirebbe inevitabilmente per dimostrare ai maschietti di essere più brava, molto più brava e capace di loro. Naturalmente è bene evitare di generalizzare e, da maschietto, riconosco che fortunatamente ci sono anche tanti uomini in gamba. Ad ogni modo, l'esperimento di una donna a capo del nostro governo, io lo farei. Credo che i tempi siano maturi per un'esperienza del genere e sarei proprio curioso di vedere come andrebbe a finire.

Tornando a parlare di intelligenza, ricordo che sulla splendida rivista *Mente & Cervello* ho letto che secondo il professor **Howard Gardner** – specializzato in psicologia dell'età evolutiva e neuropsicologia alla Harvard University, nonché emerito professore di Scienze dell'educazione presso lo stesso ateneo dal 1986 – **parlare di una sola intelligenza è quasi un'offesa.** Dal 1995, infatti, ha elaborato una teoria secondo la quale le intelligenze sarebbero addirittura otto:

1. **Linguistica**
2. **Logico-matematica**
3. **Musicale**
4. **Spaziale**
5. **Cinestesica**
6. **Emotiva**
7. **Naturalistica**
8. **Esistenziale**

Ovviamente una forma di intelligenza non esclude l'altra, il che significa, sempre secondo il professor **Gardner**, che una persona può eccellere in diversi campi e, magari, anche in tutti. Al contrario, il fatto di non possedere spiccate capacità logico-matematiche non deve far pensare di non essere intelligenti. Anzi, ci sono molti altri settori in cui è possibile emergere.

Dopo le parole del professore riacquisto la mia fiducia e mi sento molto più tranquillo. Devi sapere che in matematica e in lingue straniere sono sempre stato una frana (anzi, a pensarci bene lo sono ancora); per diversi anni; sia alle medie, sia alle superiori i professori mi hanno sempre ripetuto che *ero poco intelligente, poco adatto alla scuola*. Chissà se qualcuno dei miei vecchi professori ha mai letto l'articolo di **Gardner**?

Ad ogni modo, mi ritrovo perfettamente nel tipo di intelligenza *Emotiva*, in altre parole, quella capacità di individuare stati d'animo e sentimenti altrui. In altre parole si tratta di quella particolare sensibilità nell'ascoltare, capire e nel rapportarsi con le persone. Forse è proprio per questo che ho scelto di fare il formatore e il Personal Coach. E forse è proprio perché *so* ascoltare e capire le persone, che riesco anche ad aiutarle.

Segreto n° 2: esistono tante intelligenze diverse tra loro. Individua quella più in sintonia con Te stesso e analizzala, studiala e sviluppala. Falla diventare il Tuo punto di forza.

Dunque tutti noi, in misura maggiore o minore, siamo intelligenti. Inoltre tutti utilizziamo entrambi gli emisferi, anche se alcuni di noi sono più razionali e altri più emotivi.

Ma i due emisferi guidano nella stessa proporzione il cervello? No. Uno studio del 1962 del dott. **George Miller** dimostrò qualcosa di sconvolgente: **che il conscio degli esseri umani riesce a eseguire soltanto da tre a sette operazioni simultaneamente, l'inconscio molte, moltissime di più.** Pensa che negli anni '90 è stato dimostrato che l'inconscio delle persone compie oltre **64 mila attività *simultaneamente.*** Per esempio l'inconscio regola tutta la Tua fisiologia: la respirazione, il battito cardiaco, i processi ormonali, il funzionamento dei reni, la circolazione del sangue, il sistema immunologico ecc.

Ti rendi conto di quanto sia potente? Adesso poniti la domanda: **se Tu riuscissi a usare una minima parte dell'inconscio in modo più "cosciente", che cosa saresti in grado di fare?** L'ideale infatti sarebbe poter usare insieme sia la parte inconscia guidata dall'emisfero destro, sia la parte conscia guidata da quello sinistro.

Ipotizza di sviluppare le due potenzialità fino a raggiungere il 100 per cento: dallo studio del dottor **Miller** nasce la formula che vuole il **5 per cento** del cervello guidato dalla parte **conscia e il restante 95 per cento** dalla parte **inconscia.**

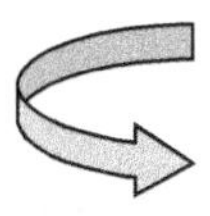

**L'emisfero sinistro
gestisce la
parte conscia,
ossia:
solo il 5 per cento.**

**L'emisfero destro,
gestisce la
parte inconscia,
ossia:
il restante 95 per cento.**

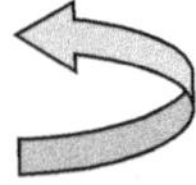

Insomma, dato che il nostro cervello è un sistema binario, noi *siamo l'esatta sommatoria di tutto quello che, giorno dopo giorno, pensiamo e ci diciamo.* Il nostro inconscio mette in pratica tutti i nostri pensieri e tutte le nostre parole come se fossero dei veri e propri comandi. Pensi una determinata cosa di Te? Bingo! Il Tuo inconscio guida il Tuo cervello e Tu, pian piano lo diventi. Ti sei detto "quell'altra cosa"? Mi raccomando, hai fatto in modo di ripetertela il più possibile? SI?! Allora tranquillo, il Tuo inconscio Ti guiderà proprio verso quella cosa. A me piace molto ironizzare, soprattutto su me stesso, e mentre scherzo mi permetto di farti notare che il Tuo cervello farà esattamente così: metterà in pratica ogni Tuo pensiero e ogni Tua parola. Pertanto, attento a cosa pensi e a come Ti parli.

Segreto n° 3: il Tuo cervello è guidato per il 95 per cento dall'inconscio. Quindi, parlandoti e pensando in un certo modo, puoi programmarlo in positivo e trasformare la Tua vita.

Adesso che hai scoperto le potenzialità del Tuo cervello (che è guidato dalla parte inconscia), voglio raccontarti le tre cose fondamentali che lui, il Tuo cervello, fa. Partiamo da un presupposto: che cosa succede al Tuo computer di ultima generazione se tenti di accenderlo e di lavorarci senza che prima il tecnico ci abbia caricato il programma (software) che Ti serve? Risposta: nulla, assolutamente nulla. Se vuoi fare dei calcoli senza aver caricato Excel, il Tuo computer non può farli. Se vuoi creare dei lucidi senza aver caricato Power Point, il Tuo computer non può farli. E ancora, se Tu volessi scrivere un ebook simile a questo senza aver caricato Word, oppure un altro programma di scrittura, ancora una volta il Tuo computer non potrebbe farlo.

Anche il più potente dei computer infatti, per funzionare bene, ha bisogno di istruzioni (programmi): senza di loro sarebbe inutilizzabile. Dato che la mente umana ha inventato il computer a sua immagine e somiglianza (il cervello umano è binario e anche il computer è un sistema binario), anche il cervello umano ha bisogno di istruzioni, ossia di essere programmato per funzionare bene.

Dunque anche il Tuo cervello ha bisogno di istruzioni e di informazioni. Prova a pensare per un solo istante: come funzionerà se gli dai delle istruzioni sbagliate? La risposta è semplice: male, molto male. Ci sono quindi tre cose che devi tenere bene in mente quando dai istruzioni al Tuo cervello (meglio dire al Tuo inconscio: è lui che Ti aiuta a diventare un vincente o un perdente):

1. l'inconscio è "**letterale**";
2. non riconosce la negazione "**non**";
3. non distingue tra **realtà** e **fantasia**.

Quando affermo che il Tuo inconscio è "letterale", intendo solo dire che prende alla lettera ogni parola o pensiero che gli rivolgi. Lui, il Tuo inconscio, non si mette a fare calcoli o ad avanzare teorie e proposte: prende le cose esattamente come gliele dici. Lo fa nel modo più semplice e disarmante che conosce: ogni comando o suggerimento che Tu gli dai, lui lo prende alla lettera e lo esegue, senza metterlo minimamente in discussione. **Il Tuo cervello è una macchina perfetta e, come le macchine perfette, esegue alla lettera ogni Tuo comando, ogni comando che arriva dall'inconscio.**

Il Tuo cervello non mette in discussione le istruzioni che gli dai semplicemente perché non è in grado di analizzarle, valutarle, ponderarle. Il Tuo cervello non distingue i doppi sensi, pertanto evita di giocare con lui.

Il Tuo cervello non fa nulla di tutto questo semplicemente perché *non è programmato per farlo*. Quindi fa' attenzione a quando Ti parli, a quando pensi, a quando avanzi considerazioni su Te stesso: **ogni parola che dici ed ogni pensiero che hai vengono recepiti dal Tuo cervello come istruzioni e, credimi, farà del suo meglio per eseguirle alla perfezione.**

Una piccola storia personale. Mio padre ha sempre fatto il camionista per vivere e il suo modo di pensare è sempre stato di sentirsi "povero", o comunque,con appena i soldi per vivere e dare da mangiare alla sua famiglia. È sempre stata una persona semplice e onesta. Mio padre è morto nel 2001 povero, proprio come aveva immaginato per tutta una vita, possedendo solo la sua misera pensione. Anche mia madre si è sempre sentita povera e oggi che vige il regime dell'euro e vive solo di pensione, a suo dire è più povera che mai. Eppure, indipendentemente dai circa

700 euro mensili che percepisce, è proprio il suo modo di pensare, che le appartiene da una vita, che la rende e la fa sentire povera. Nonostante 700 euro siano poco o nulla, per una persona sola che non ha grandi spese fisse mensili è pur sempre una cifra dignitosa. Potrebbe permettersi ogni tanto di andare dalla parrucchiera, oppure di regalarsi quella cosa che ha sempre desiderato e ancora di vivere la sua pensione in maniera più che decorosa. Oltre a questo, io le abito vicino e può sempre contare sul mio aiuto.

Nonostante questo il suo modo di pensare è sempre quello di venti e passa anni fa: «*Sono povera e non posso permettermelo*». E ancora, quando, passando a visitarla, trovo la casa fredda e le dico di accendere il riscaldamento e scaldarsi che tanto qualcuno la bolletta del gas la pagherà, mi risponde: «Hai una famiglia e devi pensare prima a loro».

Capisci? Il suo inconscio ha lavorato nel tempo per lei e l'affermazione «*Sono povera*» è diventata, sempre nel tempo, uno stile di vita. Il suo stile. Ci ha creduto talmente tanto che anche oggi, che potrebbe soddisfare alcuni piccoli e banali desideri, si sente povera, perché questa etichetta le è rimasta cucita addosso.

Come dice **Robert T. Kiyosaki** nel suo bellissimo libro ***Padre Ricco Padre Povero***, «*la causa principale della povertà o dei guai finanziari sono la paura e l'ignoranza, non l'economia, lo Stato o i ricchi. Sono la paura e l'ignoranza accettate consapevolmente a tenere intrappolate le persone*».

Dunque, evita di fare come i miei genitori e pensare di essere povero, perché altrimenti la Tua mente Ti aiuterà a costruire una splendida esistenza di povertà.

Comincia da subito a immaginare intorno a Te ricchezza e abbondanza, serenità e tranquillità economica. Credici seriamente e costruisci pensieri positivi nella Tua mente. Costruisci immagini in cui Ti vedi già ricco e pieno di cose belle. Fallo tutti i giorni, giorno dopo giorno, e per la *Legge di Attrazione*, riceverai ricchezza e abbondanza quanto prima. A volte mi prenderei a schiaffi da solo, perché se avessi cambiato il mio modo di pensare prima, oggi sarei milionario.

Segreto n° 4: il Tuo cervello è "letterale", ossia prende alla lettera ogni comando che gli dai. Molto meglio dargli solo comandi positivi.

Il Tuo inconscio non riconosce la negazione "non" nella quasi totalità dei casi, anche se ci sono delle eccezioni. Non la riconosce **soprattutto quando le negazioni sono interne e vanno a lavorare sulle Tue credenze, oppure, quando vanno a lavorare sulle credenze degli altri esseri umani.** Purtroppo, in questo caso, il cervello prende alla lettera i comandi e le negazioni ne escono rafforzate (ne parleremo in dettaglio più avanti).

Per esempio, se continui a dirti: «*Non sono capace di fare quella cosa*», ahimè, finirai per crederci. Se invece Ti dai un ordine o un comando preceduto dalla parola "non", come per esempio: «*Non voglio più fumare*», oppure: «*non voglio mangiare cioccolata perché ingrasso*», e ancora: «*Non voglio più arrivare in ritardo alla lezione*», puoi scoprire, a Tue spese, come quella negazione venga ignorata e il Tuo cervello faccia esattamente quello che gli hai appena detto di NON voler fare. Sei scettico?

Abbi ancora un po' di pazienza e seguimi in quest'altro esempio. Se entrando in aula prendessi il mio telefonino e spegnendolo dicessi ai partecipanti: «*Naturalmente non dovete spegnerlo anche Voi semplicemente perché l'ho appena fatto io*», cosa pensi che accadrebbe?

Dato che ho fatto questo gioco più di una volta durante i miei corsi e le mie lezioni, posso dirti con precisione cosa accadrebbe: passati trenta secondi, noteresti la maggior parte delle persone affrettarsi a controllare se il proprio telefonino sia spento oppure abbia la suoneria disattivata.

È la dimostrazione che con un **comando in forma negativa sono riuscito a** far fare alle persone quello che in realtà volevo: **far spegnere loro i cellulari.** La maggior parte dei partecipanti ha cancellato la negazione "non" e ha trasferito al proprio cervello il comando che c'era dietro. In questo caso il comando in forma negativa è voluto.

Adesso immagina per un solo istante cosa può accadere quando ricevi dall'esterno e dalle persone che incontri ogni giorno comandi negativi inseriti nelle loro frasi: in realtà loro vorrebbero dirti una cosa, ma Tu ne percepisci un'altra. O cosa può succedere nella comunicazione con chi hai davanti quando Tu dai un comando in forma negativa? Ovviamente Ti aspetti che la persona abbia capito una certa cosa, ma lei, invece, ne recepisce un'altra.

Facciamo altri esempi. Se Ti dico: *«Non tornare tardi questa sera»* è molto probabile che Tu, invece, tornerai tardi. Oppure, se dico a un bambino: *«Non mettere le dita nella presa»* è molto probabile che lui farà proprio quello che io non volevo. Proprio perché il cervello non riconosce la negazione "non" è bene ricordare che **le istruzioni** al Tuo cervello, e anche a quello degli altri, **devono essere SEMPRE inviate in forma positiva**.

Da molti anni, ormai, quando voglio dare un comando, cerco di darlo il più possibile in forma positiva. Ho scoperto che è molto meglio dire ai miei figli: *«Sebastian, Mattia, alle undici a casa. Puntuali, mi raccomando»*, perché loro, puntualmente, alle undici sono a casa.

Se li abituo a ricevere comandi in forma positiva, oltre al vantaggio che li metteranno in atto con precisione (il loro cervello è come il Tuo: è letterale), finiranno per crederci, e più comandi positivi riuscirò a trasmettere loro, più li aiuterò a credere in se stessi e a riuscire nella loro vita.

Segreto n° 5: il Tuo cervello non riconosce la negazione "non". Sia in un caso, sia nell'altro, meglio dargli un comando in forma positiva.

Il Tuo inconscio non distingue tra realtà e fantasia; per il cervello pensare e fare sono la stessa cosa. Durante i miei seminari faccio sempre un gioco: chiedo a tutti i partecipanti di chiudere gli occhi e di seguire attentamente la mia voce. Solo la mia voce. Poi li guido sino a immaginare una piccola e sperduta isola delle Bahamas. Mentre vado avanti nel racconto, divento sempre più preciso e descrivo loro l'isola nei minimi particolari.

Racconto loro:

«...e mentre cammini sulla sabbia fine fine, di color bianco avorio, cominci a scorgere in lontananza e sulla tua destra un gruppo di palme.

La sabbia si impasta con l'acqua del mare, che dolcemente si infrange sulla battigia e il sole, a mezz'aria sulla tua sinistra, comincia a scottare sulla pelle, sempre di più, al punto che cominci a sudare, sudare.

E più cammini sulla sabbia bagnata dal mare, più ti avvicini al gruppo di palme...

E più ti avvicini, più ti rendi conto che il palmeto è composto da tre palme leggermente curve sulla spiaggia, rivolte con la loro chioma verde verso il mare, da cui spuntano dei grossi frutti che sembrano noci, delle grosse noci di cocco...

Anzi, adesso che le vedi meglio sono proprio delle splendide e grosse noci di cocco color marrone. Si, sono proprio delle noci di cocco...

E il gruppo delle palme è quasi a riva e viene bagnato dalla risacca dell'acqua, che s'infrange sulla battigia e provoca dei dolci e ripetuti rumori...

Riesci a sentire la risacca? Ascolta il rumore delle onde che si infrangono sulla riva...
Ascolta il rumore dei gabbiani che volano bassi sul mare in cerca di cibo».

Cosa Ti è successo? Scommetto che mentre andavi avanti nella lettura a un certo punto hai cominciato a sentire umidità o freddo ai piedi, il caldo del sole sulla Tua pelle, oppure hai immaginato e visto l'isola con il suo palmeto, o ancora ascoltato il rumore delle onde sulla battigia. E sai perché? Perché **il cervello non distingue tra realtà e fantasia**! Ti è bastato solo leggere per attivare quella serie di processi, anche fisiologici, che si sarebbero attivati se ti fossi trovato veramente su quell'isola delle Bahamas.

Adesso voglio darti una notizia stupefacente: ho rifatto questo gioco proprio in questi giorni che sto ultimando l'ebook, in un corso sulla comunicazione in Versilia, rivolto a potenziali giovani cuochi. Avevo 21 persone in aula, di età compresa tra i diciotto e i quarantatré anni; ben 19 di loro, alla fine del gioco, hanno affermato di **aver provato delle sensazioni fisiche** (dette anche cinestesiche), ossia di aver sentito la sabbia bagnata sotto i piedi, il freddo dell'acqua o il calore del sole sulla spalla sinistra. Oppure di aver immaginato e visto l'isola, il palmeto o le noci di cocco, e anche, in casi più rari, di aver sentito il rumore del mare che si infrangeva sulla battigia della spiaggia.

Ma la notizia nella notizia è che **queste persone hanno costruito i suoni, le immagini e le sensazioni, esattamente come io le avevo raccontate** e descritte. Gli elementi sono stati percepiti nelle stesse identiche posizioni: il sole a sinistra, il palmeto a destra ecc. In due di loro l'esperienza è risultata capovolta: la spiaggia e il palmeto a sinistra, il sole a destra.

Facendoli parlare, raccontare le loro emozioni davanti alla classe, ho scoperto che quest'estate avevano veramente fatto le vacanze su di un'isola, e la spiaggia che avevano visitato era girata al contrario rispetto a come l'avevo descritta io. Ti rendi conto? **La**

loro esperienza si è mescolata alla fantasia. Il loro cervello ha creato dei collegamenti, senza fare alcuna distinzione.

Tutte queste persone **hanno percepito i pensieri come reali**, senza distinguere tra realtà e fantasia; esattamente come fanno anche il mio e il Tuo cervello. Proprio per questo motivo, se pensi di non riuscire a fare qualcosa di buono nel corso della Tua vita, sarà molto difficile che riuscirai a fare il contrario, mentre se immagini di poterlo fare, se Ti visualizzi il più concretamente possibile nell'atto di riuscirci, le possibilità di reale riuscita aumenteranno in modo vertiginoso.

San Francesco D'Assisi diceva: «*Fratello, sorella, fai attenzione a come pensi e a come parli perché potrebbe trasformarsi nella profezia della tua vita*».

Sono parole importanti, parole che mi hanno fatto riflettere a lungo. Grazie a queste parole mi sono reso sempre più conto che potevo costruire la mia vita così come la immaginavo.

Segreto n° 6: il Tuo cervello non distingue tra realtà e fantasia. Pertanto nutrilo tutti i giorni di immagini belle. Costruiscine una; comincia con qualche cosa di semplice, in cui Ti vedi sorridere e sei felice.

Esercizio

Comincia a nutrire il Tuo inconscio di pensieri positivi. Fallo ogni giorno in questo modo:

1. Prima di alzarti da letto prenditi un paio di minuti per fare l'esercizio.

2. Ripeti mentalmente questa frase: **«Oggi è una bellissima giornata. Tutto mi riesce per il meglio. Tutto va bene. In questo momento riesco a sorridere alla vita e a essere felice. Io Posso».**

3. Ripeti dentro di Te la frase almeno tre volte. Evita di alzarti dal letto se prima non l'hai ripetuta tre volte.

4. Mentre Ti alzi, sorridi e ringrazia il Signore per la bellissima giornata che sta per cominciare.

5. Fallo tutte le mattine. Obbligati a farlo anche e soprattutto, quando le cose non vanno bene.

6. Abbi fiducia. A forza di ripeterlo il Tuo inconscio lo prenderà come un comando e comincerà a guidarti.

RIEPILOGO DEL CAPITOLO 1:

- SEGRETO n° 1: il cervello è una macchina perfetta, con delle potenzialità praticamente illimitate. Spetta a Te nutrirlo bene, giorno dopo giorno, tutti i giorni.

- SEGRETO n° 2: esistono tante intelligenze diverse tra loro. Individua quella più in sintonia con Te stesso e analizzala, studiala e sviluppala. Falla diventare il Tuo punto di forza.

- SEGRETO n° 3: il Tuo cervello è guidato per il 95 per cento dall'inconscio. Quindi, parlandoti e pensando in un certo modo, puoi programmarlo in positivo e trasformare la Tua vita.

- SEGRETO n° 4: il Tuo cervello è "letterale", ossia prende alla lettera ogni comando che gli dai. Molto meglio dargli solo comandi positivi.

- SEGRETO n° 5: il Tuo cervello non riconosce la negazione "non". Meglio dargli un comando in forma positiva.

- SEGRETO n° 6: il Tuo cervello non distingue tra realtà e fantasia. Pertanto nutrilo tutti i giorni di immagini belle. Costruiscine una; comincia con qualche cosa di semplice, in cui Ti vedi sorridere e sei felice.

Giorno 2
Tu sei quello che credi di essere

Apro il capitolo con una poesia: *Se* di **Rudyard Kipling.** Kipling è conosciuto in tutto il mondo per aver scritto quel bellissimo libro, diventato in seguito film d'animazione, chiamato *Il libro della giungla.*

Chi non lo ha letto non ha mai sognato di poter essere amico di Bagheera la pantera o di ballare nella giungla dell'India misteriosa con orsi ed elefanti. Non tutti, però, conoscono Kipling sotto la veste di poeta (e che poeta!). La sua *Se* racchiude una carica motivazionale da far invidia a qualsiasi libro del settore. I suoi *SE* sono così intensi, così reali, che andrebbero seguiti sempre, **con costanza e determinazione, ogni giorno.** Ho stampato questa bellissima poesia e l'ho fatta incorniciare. È appesa nell'ingresso del mio Studio: di tanto in tanto la rileggo e ogni volta scopro qualcosa di nuovo. Oggi la voglio regalare a Te.

Se di Rudyard Kipling

*«Se riesci a non perdere la testa, quanto tutti intorno la perdono,
e se la prendono con te;*

*Se riesci a non dubitare di te stesso, quanto tutti ne dubitano, ma
anche a cogliere in modo costruttivo i loro dubbi;*

Se sai attendere, e non ti stanchi di attendere;

*Se sai non ricambiare menzogna, odio con odio, e tuttavia riesci
a non sembrare buono, e a evitare di far discorsi troppo saggi;*

Se sai sognare, ma dai sogni sai non farti dominare;

Se sai pensare, ma dei pensieri sai non fare il fine;

*Se sai trattare nello stesso modo i due impostori, Trionfo e
Disastro, quanto ti capitano innanzi;*

*Se sai resistere a udire la verità che hai detto, dai farabutti
travisata per ingannar gli sciocchi;*

*Se sai piegarti a ricostruire, con gli utensili le cose a cui hai dato
la vita, ormai infrante;*

*Se di tutto ciò che hai vinto sai fare un solo mucchio, e te lo
giochi, all'azzardo, un'altra volta, e se perdi sai ricominciare,
senza dire una parola di sconfitta;*

Se sai forzare cuore, nervi e tendini, dritti allo scopo, ben oltre la stanchezza, a tener duro, quando in te nient'altro esiste, tramite il comando della Volontà;
Se sai parlare alle folle senza sentirti Re, o intrattenere i re parlando francamente;
Se né amici né nemici riescono a ferirti, pur tutti contando per te, ma troppo mai nessuno;
Se riesci a occupare il tempo inesorabile dando valore a ogni istante della vita, il mondo è tuo, con tutto ciò che ha dentro e, ancor di più, ragazzo mio, sei Uomo!»

Nel 1999 decisi di aprire il mio sito web personale. Allora non si parlava ancora del fenomeno blog e io, senza saperlo, anticipai un po' gli eventi, mettendo in rete un sito che parlava di me e dei miei pensieri. Ben presto cominciai a ricevere le prime iscrizioni alla mailing list e con esse le prime email di persone che mi scambiavano per chissà quale professionista della mente e mi ponevano quesiti di ogni genere.

Oggi ricevo in media almeno una decina di email tutti i giorni. Mi arrivano da ogni parte d'Italia e qualche volta da italiani che abitano all'estero. Per lo più sono email di persone iscritte alla mia mailing list, anche se ne ricevo da persone che non ho mai visto, perfetti sconosciuti. Persone che, pur non conoscendomi, mi confidano i loro dubbi, le loro incertezze e i loro pensieri. Mi raccontano la storia della loro vita e mi chiedono consigli.

Questo capitolo nasce proprio dalla lettera di una di loro, dalla lettera di Claudia, una delle prime a scrivermi. Premetto che non l'ho mai conosciuta personalmente e non so neppure se fosse giovane o matura, di sicuro la sua lettera mi colpì particolarmente e la ricordo ancora bene, perché era molto triste. Parlava di coraggio: **del mio, che secondo Lei disponevo in abbondanza, e del Suo, che evidentemente pensava di non possedere più.** A Claudia ho già risposto a suo tempo e uso volentieri la sua storia perché mi permette di introdurre il primo dei miei "comandamenti": **CREDERE IN SE STESSI.**

Dopo aver convinto centinaia e centinaia di persone che hanno partecipato ai miei seminari motivazionali o che hanno fatto coaching con me, oggi proverò a convincere anche Te che **sei quello che pensi di essere**.

La biografia di **Henry Ford** è una vera miniera d'oro. Consiglio a anche a Te di leggerla. Una delle sue tante massime diceva *«Tutto quello che ti capita dipende da te»*. Durante i miei seminari parlo spesso del *cervello di un essere umano e delle sue credenze.* In ogni seminario, corso o sessione di coaching, continuo a ripetere che *«Se vuoi cambiare la Tua vita, devi prima cambiare il Tuo modo di pensare: devi cambiare la Tua mente».*

Di solito i partecipanti mi pongono la classica domanda: ma cosa c'entrano il cervello e le credenze con la capacità di comunicare bene, di essere entusiasta e coinvolgente, di riuscire a fare quella determinata cosa, di raggiungere l'obiettivo che ci siamo posti o di diventare un vincente nella vita? Credimi. Non ricordo più quante conferenze, quanti corsi e seminari ho fatto, o con quante persone abbia lavorato e ascoltato; di sicuro sono certo che la mia risposta è sempre stata la stessa: **TUTTO.**

Sei Tu con i Tuoi pensieri, le Tue credenze e i Tuoi atteggiamenti a condizionare tutta la Tua vita (e spesso anche quella delle persone vicine). **Tutto passa attraverso la Tua mente. Tutto dipende esclusivamente da Te.** É **il Tuo cervello che fa la**

differenza! Nel bene e nel male. *Sembra quasi che la gente faccia tutto il possibile per evitare accuratamente di diventare consapevole di questa verità.* Sembra quasi che alle persone faccia molto più comodo scaricare sugli altri, sulle circostanze, sulla sfortuna e sulla vita in generale, la responsabilità dei propri insuccessi, quasi a purificarsi e dire: «Lo vedi, io ci provo, se non riesco non è colpa mia». Se ottengono risultati diversi da quello che si aspettano la colpa è tutta degli altri, tranne, naturalmente, che loro.

Segreto n° 7: se vuoi cambiare la Tua vita devi prima cambiare il Tuo modo di pensare, devi cambiare la Tua mente.

Una piccola storia personale. Alcuni anni fa, credo fosse febbraio o marzo del 2002, ho conosciuto durante un mio seminario un giovane manager di Milano – con il quale successivamente ho anche lavorato –, trapiantato per motivi amorosi in Toscana. Ricordo ancora che Massimo mi venne a trovare in studio un mercoledì mattina presto e si fermò sino a circa le dodici.

In quelle tre ore/tre ore e mezza, ebbe il coraggio di lamentarsi di tutto: del nuovo lavoro che non era redditizio come quello che aveva lasciato a Milano, anche se non aveva voglia di tornarci; della fidanzata che credeva fosse diversa, anche se continuava ad essere la donna della sua vita; della splendida Firenze, che secondo lui non garantiva abbastanza vita e vitalità come la Milano che aveva (nuovamente) lasciato, ma che però era bella e ricca dal punto di vista artistico e culturale; e un'altra sfilza di lamentele che evito di raccontarti per non annoiarti.

Dopo quasi due ore in cui parlò solo lui, lamentandosi dall'inizio alla fine, gli feci una banale domanda: «Posso chiederti chi Ti ha obbligato a lasciare Milano e il Tuo lavoro? E», aggiunsi ironicamente, «Non credo il medico, vero?»

Per risposta ebbi una nuova serie di lamentele sul come lui fosse sfortunato (credo che all'epoca guadagnasse già 2000 e passa euro mensili: niente male per un ragazzo di appena ventisette anni, non credi?). Proseguì citandomi il fatto che era un po' grasso e desiderava dimagrire. Lo disse in un modo, come se quel "un po' grasso" fosse una sorta di maledizione e non solamente una conseguenza del fatto che mangiava schifezze alimentari a tutto andare.

A quel punto gli feci la seconda banale domanda: «Cosa fai per dimagrire? Vai in palestra, in piscina, sei a dieta?» «Assolutamente no», rispose. Anzi, si mostrò addirittura offeso. Con tono un po' sostenuto mi disse che non aveva tempo per andare in palestra e la piscina non gli piaceva. Poi, abbassando la tonalità della sua voce, aggiunse che gli piacevano i panini di una nota catena di fast food e che quindi non era a dieta.

Era quasi mezzogiorno e avevo trovato il cliente più tosto della mia vita, quello che era riuscito a battere tutti i record di negatività: lamentarsi per ben tre ore di fila. **Presi un foglio e cominciai a scrivere l'elenco delle cose belle** e piacevoli che Massimo possedeva. Era un elenco lungo, molto lungo; erano menzionati, tra le altre cose, la sua fidanzata Carla, il lavoro come Product Manager, la macchina nuova che si era appena comprato, tutti gli amici che mi aveva citato, i suoi genitori – che secondo lui gli volevano molto bene –, il fatto che, a parte l'essere un po' grasso, era perfettamente in salute ecc.

Fatto l'elenco lo girai e **gli dissi di leggerlo e di aggiungere** tutto quello che di positivo aveva nella propria vita e che io non avevo potuto scrivere semplicemente perché non lo conoscevo. Per tutta risposta Massimo **aggiunse almeno altre quattro o cinque cose**.

A quel punto lo guardai negli occhi e gli dissi: «Bene. Adesso che sei più *consapevole* di quanto sei fortunato e di quante cose belle hai, puoi tranquillamente smetterla di lamentarti e cominciare ad *agire* per cambiare quelle cose della Tua vita che non ti piacciono. Uscendo da qui, pensa per un solo istante a chi, avendo la metà della metà delle cose che hai Tu, è felice. Quindi ringrazia il cielo e agisci.» Vidi il viso di Massimo impietrirsi, mi chiese quanto mi doveva, mi pagò fino all'ultimo euro e uscì, quasi senza salutarmi. Non l'ho più rivisto. Spero solo che la sua vita sia migliorata e abbia imparato ad apprezzarla maggiormente.

Anche Tu appartieni a questa categoria? Alla categoria di chi sa solo lamentarsi e non sa apprezzare le cose belle che la vita gli regala? Tranquillo, prima di partire per il militare anch'io ero così. Anzi: peggio, molto peggio. Se c'era sulla terra una persona negativa e arrabbiata con il mondo intero, quella ero io. Poi, nel dicembre 1981 un incontro del tutto casuale avvenuto in treno ha completamente cambiato la mia vita (te lo racconto più avanti, nel terzo capitolo).

Ad ogni modo rifletti un attimo: siamo circondati da persone che continuamente si lamentano per le cose che non vanno bene:

- ingrassano, ma non fanno diete e nessun tipo di movimento;
- non hanno un lavoro, ma non sono capaci di adattarsi o peggio, aspettano che qualcuno glielo porti direttamente a casa;
- non sono felici della vita che fanno, ma non hanno il coraggio di cambiarla;
- vorrebbero avere una compagna/un compagno, ma rimangono chiusi in casa e si guardano bene dall'uscire a cercarla/o;
- vorrebbero essere indipendenti, ma non fanno nulla per andarsene da casa (forse perché alla fine stanno troppo bene lì dove sono).

Esempi come questi potrei citartene all'infinito. Facendo il formatore motivazionale e il Personal Coach conosco personalmente ed entro spesso in contatto con persone che si lamentano di tutto e di tutti e mi raccontano dei limiti e dei problemi che gli altri maliziosamente gli creano. Eppure basterebbe così poco: **smetterla di scaricare le colpe sugli altri e cominciare a credere di più in se stessi, nelle proprie capacità.**

Mi rendo conto che la vita è difficile, piena di problemi, molti dei quali creati sicuramente anche dagli altri, e spesso non basta avere una sana autostima o pensare in positivo. Tuttavia converrai con me che la maggior parte dei problemi li creiamo da soli, anzi: posso garantirti che la Tua e la mia mente, sono in grado di partorire problemi talmente grandi, talmente complessi, che anche il grande **Albert Einstein** avrebbe difficoltà a risolverli.

Vorrei farti notare che anche la mia vita è stata difficile, molto difficile. Anche in questo preciso momento, mentre scrivo queste pagine, ho la mia bella lista di problemi. Lista ancora lunga, credimi. La mia vita è stata ed è tuttora più difficile di quanto Tu possa immaginare, forse un giorno la racconterò nel dettaglio, magari attraverso un libro biografico. Nel frattempo, se sei curioso, in fondo a questo capitolo trovi una breve anticipazione della mia storia.

Posso garantirti che non è commiserandomi che sono riuscito, e riuscirò anche in futuro, a emergere e venir fuori dalla melma dei problemi. Come non è commiserando Te stesso tutti i giorni che riuscirai a risolvere i problemi che hai, bensì cambiando il Tuo modo di pensare e di credere, cambiando la Tua mente. **Dipende tutto da Te. John Marks Templeton** diceva: «*La mente è il proiettore, l'atteggiamento la pellicola e l'esperienza il film proiettato sullo schermo*».

Segreto n° 8: smettila di lamentarti e impara ad apprezzare di più le cose belle che la vita Ti offre. Anche se sono poche, compila una lista e rileggila ogni giorno.

Esercizio

Comincia a compilare la tua lista. Fallo in questo modo:

1. **Prendi le prossime due ore tutte per Te.** Evita di rimandare a domani: l'esperienza mi insegna che agire oggi è molto meglio che rimandare a domani.

2. **Comincia a compilare la lista**, inserisci anche le cose che possono sembrarti banali e che comunque possiedi. Per esempio: una buona salute, una moglie o un marito a cui vuoi bene, dei figli meravigliosi, dei buoni genitori, un fratello o una sorella a cui vuoi bene, un lavoro, una casa, una macchina, una moto, degli hobby, degli amici, un cane o un gatto che Ti tengono compagnia, uno sport che pratichi con passione, un giardino dove puoi curare le Tue rose ecc.

3. **Descrivi nel modo più dettagliato possibile le cose belle che possiedi.** Faccio degli esempi su di me. Esempio **NO**: «Ho dei figli». Esempio **SI**: «Ho Sebastian e Mattia, due ragazzi meravigliosi che mi alimentano tutti i giorni con la loro energia e mi danno la forza per andare avanti». Esempio **NO**: «Ho una moglie». Esempio **SI**: «Ho Paola vicino a me, e anche se in questo periodo siamo un po' in crisi, è la persona che mi è rimasta vicino anche nelle difficoltà finanziarie e nella malattia». Altro esempio **NO**: «Ho un lavoro». Altro esempio **SI**: «Ho un lavoro che mi piace, che faccio con passione ed entusiasmo, che mi permette di guadagnare bene e contemporaneamente di aiutare gli altri».

4. **Dopo aver letto la lista, ringrazia** ogni giorno il Signore per tutte le cose belle, grandi e piccole, che Ti ha donato. Fallo tutti i giorni: leggi la lista e ringrazia il Signore.

Abbi fiducia: a forza di leggere le cose scritte nella lista, sarai sempre più consapevole di quanto sei fortunato e dei doni che possiedi. Come per incanto comincerai ad apprezzare tutte le cose belle che la vita Ti avrà regalato e, credimi, sono molte di più di quanto Tu possa pensare.

Adesso ho una bellissima domanda da porti e scommetto che nemmeno il buon **Marzullo** sarebbe capace di farla: «*Pensi in maniera negativa a causa delle cose brutte che Ti sono capitate, oppure Ti capitano cose brutte a causa del Tuo modo di pensare negativo?*» Bella domanda, vero?! La faccio spesso nei miei seminari e devo ammettere che la maggior parte dei partecipanti ha problemi a rispondere immediatamente. Mi hanno posto lo stesso interrogativo nel 1983 a una selezione di personale destinato alla vendita del mitico Folletto e all'epoca non seppi dare una risposta pronta neanche io.

In seguito per molti anni ho provato e riprovato a rispondere al quesito, apparentemente tanto banale, e dopo innumerevoli tentativi sono giunto a questa conclusione: **possono essere vere entrambe le affermazioni, dipende molto dalle circostanze in cui uno è nato e cresciuto** (in PNL diremmo che "dipende dalla nostra *mappa del mondo*").

Ma indipendentemente dalle circostanze, sappi che **tutti noi abbiamo il potere di cambiare il nostro modo di pensare e quindi di cominciare (o ritornare) a credere in noi stessi.** Tutti siamo in grado di cambiare la nostra mente. L'ho fatto anch'io, più di venticinque anni fa, proprio mentre facevo il militare.

Da quella volta, devo essere sincero con Te, alcune battaglie le ho vinte e molte le ho perse. Io, comunque, posso affermare a testa alta di averle giocate tutte e sono certo che continuando a giocarle riuscirò, prima o poi, a vincerne altre. **Vado fiero del fatto che nonostante tutto, dal 1982 in poi** (dopo che sono tornato dal servizio militare), **ci ho sempre provato e oggi sono padrone della mia vita.**

Sono quello che pensavo di essere, magari migliorabile e pieno di difetti (come dicono spesso sia mia moglie Paola, sia i miei figli Sebastian e Mattia); però sono consapevole del fatto che *sono in grado di fare tutto ciò che la mia mente crede.* Così come me e come tutte le altre persone di questa terra, **ANCHE TU sei in grado di fare tutto ciò in cui la Tua mente crede veramente.**

RICORDA:
TU, SEI QUELLO CHE CREDI DI ESSERE.

La domanda che devi porti è: in cosa crede la Tua mente? Credi di essere un vincente? Bene, hai buone probabilità di diventarlo o quantomeno, puoi giocartele. Credi di essere un fallito? Mi dispiace, sono certo che lo diventerai. Smetti di lamentarti e **AGISCI**, cambia il Tuo modo di pensare (torneremo in particolar modo su questo argomento nell'ultima parte dell'ebook, perché **agire** è determinate per riuscire nella vita).

Per cambiare devi stare attento ed essere consapevole dei Tuoi pensieri. Devi cercare di **evitare di pensare in negativo** e, soprattutto, devi essere convinto di potercela fare; **devi credere di più nelle Tue potenzialità**. Cambiare non sarà facile e neppure impossibile. Devi solo provarci e riprovarci. Infine, quando sarai stanco, metti da parte tutti gli altri tentativi e… ricomincia da capo. **Cambia la Tua mente, il Tuo modo di pensare, le Tue credenze. Trasformerà la Tua vita e tutto il mondo intorno a Te.**

Buddha diceva ai suoi discepoli: «*Tutto ciò che siamo nasce dai nostri pensieri. Noi creiamo il nostro mondo. Noi siamo quello che pensiamo*». **Tu ripetilo continuamente a Te stesso.**

Un proverbio americano recita testualmente: «**Puoi, se credi di potere**». Se non credi di poter raggiungere i Tuoi obiettivi, indipendentemente dalle oggettive difficoltà, **SARAI TU STESSO LA PRIMA CAUSA DEL FALLIMENTO.**

Segreto n° 9: se credi di essere un vincente hai buone probabilità di diventarlo. Se credi di essere un fallito ci riuscirai sicuramente.

Uno dei pericoli maggiori per le persone di ogni età – anche se in maniera particolare mi preoccupo per i giovani che hanno bisogno di guide positive – è rappresentato dalle proprie credenze. Credere in partenza che *non riuscirai a superare il Tuo prossimo esame*, oppure *a comunicare bene i Tuoi sentimenti alla persona che ami* e ancora *a calciare il rigore per far goal nella partita che conta* è una convinzione che già di per sé Ti metterà in uno stato d'animo negativo e Tu puoi star sicuro che *non riuscirai* a fare nulla di quanto detto. Ma c'è di più, molto peggio: **molto spesso basta il solo dubbio, il solo *pensare* di non riuscire a calciar bene il rigore per sbagliarlo.**

Per la mia famiglia quello che faccio non serve a nulla. Paola, Sebastian e Mattia sono molto convinti che perda il mio tempo e che, dalla motivazione al pensiero positivo alla PNL, siano tutte sciocchezze. A dire la verità è stata proprio la loro ironia che mi ha spinto sempre di più a scrivere, pagina dopo pagina, questo ebook e paradossalmente devo dire grazie alla loro ilarità se sono riuscito a terminarlo. In fondo, senza saperlo, hanno alimentato le mie pile. In definitiva sono loro molto grato.

Ad ogni modo, tutti e tre non perdono occasione per prendermi un po' in giro. Per essere onesto, Sebastian un po' meno, avendo lavorato qualche volta con me e avendo avuto anche dei piccoli risultati; sono sicuro che in fondo vorrebbe crederci. Ma Paola e Mattia sono **due veri "Santommaso", razionalità allo stato puro.**

Pazienza, lo dice anche il proverbio: *non si è profeti in patria*. Io, comunque, sono più duro di loro e difficilmente mi disarmo, così vado dritto per la mia strada. **A sorreggere le mie credenze** e le miei convinzioni ci sono le tante persone con cui ho lavorato e che hanno avuto piccoli e grandi **risultati**. I cambiamenti che ho visto fare negli altri e, soprattutto, i cambiamenti che ho fatto personalmente nella mia vita, bastano a darmi la forza per andare avanti e sopportare le battute ironiche dei miei familiari. Battute che, anche se sono innocenti, potrebbero far male; in ogni caso io sono più forte delle loro stesse insinuazioni.

Tra l'altro è paradossale, ma Ti accorgerai che sono quasi sempre le persone a noi più vicine quelle che credono poco in quello che facciamo o addirittura non credono in noi. Ho scritto un intero capitolo su queste persone, è il quarto: **Impara a difenderti dallo sport preferito dagli italiani.**

Una piccola storia personale. Voglio raccontarti una storia sulle credenze di mio figlio Sebastian, che risale a circa quattro anni or sono. A quell'epoca Sebastian aveva cominciato a giocare a calcio agonistico, anche se un po' in ritardo rispetto alla media degli altri ragazzi. Oggi è un bel ragazzo di quasi diciannove anni, cresciuto sia sotto il profilo fisico, sia sotto quello motivazionale e caratteriale; io sono fiero di lui, così come lo sono di Mattia, anche se è completamente diverso da suo fratello.

Mattia ha compiuto da poco quindici anni ed è un piccolo ribelle, con il mito di Che Guevara nella testa e la tecnologia nelle mani (starebbe ore ed ore davanti al computer su internet, alla consolle dei videogiochi e con il telefonino). Lo considero molto intelligente e altrettanto pigro.

Quello che mi fa arrabbiare di lui è che con la sua intelligenza potrebbe prendere degli ottimi voti e invece si limita a prendere il sospirato "sei" e, talvolta, neppure quello. Deve partire da un bel quadrimestre ricco di cinque per poi, puntualmente, recuperare il terreno e sfiorare una valutazione finale maggiore della semplice sufficienza. Eppure ha tutte le **potenzialità per fare meglio**, molto meglio. Che cosa sarebbe capace di fare se si impegnasse un po' di più? Che cosa sarebbe capace di fare se fosse consapevole delle sue potenzialità?

Tornando a Sebastian, all'epoca del racconto era poco convinto delle sue capacità calcistiche e, soprattutto, era pieno di incertezze e timori di sbagliare. Oggi è molto più sicuro di sé, anche se qualche volta spegne la lampadina. La squadra locale in cui giocava era altrettanto poco convinta delle proprie potenzialità, diciamo pure che le convinzioni erano solo negative.

Ad ogni modo, il primo anno, cioè quando Sebastian era nella categoria "Allievi", la squadra riusciva ad ottenere risultati paragonabili a un torneo di tennis: **ogni volta che scendevano in campo terminavano il primo tempo sullo 0 a 0 e poi finivano, inesorabilmente, per perdere 6 a 0, 5 a 1, 5 a 0 ecc.** Insomma, dopo aver visto tre o quattro partite, immaginavi già come sarebbe andata la successiva: con una sconfitta. Dovevi solo armarti di ulteriore immaginazione e indovinare il numero dei goal che avrebbero incassato.

Quell'estate, in pieno accordo con Sebastian (**è determinante la volontà dell'altra persona nel cercare il cambiamento**), facemmo un piccolo lavoro sulle sue credenze. Poco più di un gioco. Poco più di dieci minuti prima di un'amichevole serale di mezz'estate. Fatto sta che al termine della partita il suo allenatore si complimentò con lui, dicendogli e ripetendogli davanti a me che era stata la sua più bella partita. Niente di trascendentale, **ma Sebastian aveva, forse per la prima volta da quando aveva cominciato a giocare a calcio, lottato su tutti i palloni e messo l'anima in campo.**

Cosa era cambiato in mio figlio? Perché aveva lottato sino alla fine o quasi? Banale risposta: **erano mutate le SUE CREDENZE.**

Per poco più di un tempo tutta la squadra aveva resistito e trasmesso a Sebastian la sensazione, quasi la consapevolezza, che potessero farcela, che lui stesso potesse giocare con grinta e determinazione. Poi, quando la sua squadra prese il primo goal e poi un secondo, crollarono nuovamente, e anche lui finì per arrendersi, come già avevano fatto quasi tutti gli altri suoi compagni di squadra. Pensa se avessimo lavorato seriamente sulle sue *credenze limitanti* che cambiamenti avrebbe potuto fare Sebastian! Pensa quali cambiamenti potrebbe fare qualsiasi altra persona! Pensa se Sebastian lavorasse seriamente con suo padre quali risultati potrebbe ottenere! E soprattutto domandati: potrebbe ottenere più facilmente e più velocemente determinati risultati? Lascio a Te la risposta.

Sebastian è orgoglioso e mi ripete spesso che deve farcela da solo; io concordo con lui, anche se, come qualsiasi altro genitore, sono sempre pronto ad aiutarlo. È giusto dunque che mi faccia da parte e gli permetta di ottenere le **SUE vittorie** e, purtroppo, anche le **SUE sconfitte**. Solo in questo modo Sebastian crescerà e sarà consapevole delle proprie capacità e delle proprie potenzialità. Naturalmente il mio compito è quello di proteggerlo, nonché di trasmettergli solo ed esclusivamente credenze positive.

Ricorda, come illustra bene il caso di mio figlio: **le credenze e le convinzioni sono una forza potentissima che agisce sul Tuo comportamento.** Rappresentano quello che credi sia possibile o impossibile, quello che pensi di poter o non poter fare, di essere capace o incapace di portare avanti. **Credenze e convinzioni positive agiscono come LEVE** e Ti permettono di superare ogni ostacolo che trovi davanti al Tuo cammino. Mentre **credenze e convinzioni negative diventano** a loro volta degli **ostacoli** che si impastano mentalmente con quelli reali della vita quotidiana, sino a farli diventare delle vere e proprie montagne.

Insieme ai "valori", **le credenze e le convinzioni sono i principi guida che influenzano ogni Tua decisione, ogni Tua azione** (e *non azione*). Esse si formano durante tutto l'arco della vita! Quello che è importante che Tu capisca è che nessuna delle Tue credenze o convinzioni è veramente "vera", perché è solamente la Tua personalissima interpretazione della realtà che Ti circonda. Realtà che Tu interpreti in funzione della *Tua mappa del mondo*.

Segreto n° 10: credenze e convinzioni sono una forza potentissima che agisce sul Tuo comportamento. Insieme ai valori, sono i principi guida che influenzano ogni Tua decisione e azione.

Dunque, quello che conta veramente, ciò che è assolutamente importante, è che **quello che *credi* sia utile al raggiungimento dei Tuoi obiettivi.** Paradossalmente potrebbe anche essere qualche cosa che hai sapientemente costruito ad arte nella Tua mente. Per esempio, un'immagine di Te vincente. Oppure, un'immagine che Ti vede raggiungere un determinato obiettivo. E ancora, un'immagine di Te mentre fai, con successo, una determinata cosa. Insomma, *potrebbe anche essere qualche cosa di "inventato", che hai costruito ad arte e visualizzato*, giorno dopo giorno nella Tua mente.

Sappi che nello sport è una pratica molto diffusa: **gli atleti più intelligenti, prima di vincere sul campo, vincono nella propria mente** (e qui torniamo al capitolo uno, ricordi: il cervello non distingue tra realtà e fantasia).

La mia *mappa del mondo*, la Tua, e quella di tutte le persone di questa terra, si fonda principalmente su valori, credenze e anche pregiudizi. In base alle Tue credenze, alle Tue convinzioni, filtri il mondo intorno a Te e giorno dopo giorno Ti convinci che quella cosa puoi o non puoi farla, che quell'altra è giusta o sbagliata, che l'altra ancora è alla Tua portata o non potrai mai ottenerla.

Così finisci per comportarti e agire in base a quello che le Tue **CREDENZE** Ti indicano, o meglio: Ti ordinano. **Ti stanno dicendo che sei un fallito?! Mi dispiace, lo diventerai.** Purtroppo, **molte delle Tue credenze sono state "inculcate" in Te principalmente dalla famiglia e subito dopo dalla scuola** (ringrazia sentitamente). In seguito altri due stadi di vita (lavoro e sociale) hanno completato e/o rafforzato le stesse o lo faranno in futuro.

A tutto ciò, aggiungi che molte delle Tue credenze le hai *sapientemente costruite* **da solo.** Giorno dopo giorno, anni dopo anni, interpretando soggettivamente (quindi con la Tua personalissima *mappa del mondo*) le varie esperienze di vita diretta, filtrandole attraverso i famosi cinque sensi. Ecco che le Tue credenze/convinzioni generano dei comportamenti.

I comportamenti possono consolidarsi nel tempo, sino a diventare delle vere e proprie **credenze o convinzioni limitanti**. Facciamo un esempio: se mentre prepari un **esame** cresce in Te il dubbio di non essere capace di parlare davanti alla commissione e di fare una brutta figura, mandi inconsciamente un messaggio al Tuo cervello che prende alla lettera tutto ciò che gli dici, e **siccome il tuo cervello è "letterale" Ti accontenterà** e durante l'esame le mani tremeranno, la voce non uscirà, la gola si impasterà e Tu farai una brutta figura. *Proprio ciò che Ti eri immaginato; proprio ciò che avrai costruito e plasmato dentro di Te.*

Nota che più costruisci questa paura, più accadrà proprio ciò che temevi. È un po' come la mamma che dice al bambino di *smettere di correre perché può cadere* e per incanto il bambino, che nella precedente ora aveva giocato e corso a perdifiato con i suoi compagni senza farsi alcun male, improvvisamente *cade* e, come se volesse esaudire il desiderio inconscio della madre, si fa anche male.

Ho visto tante di quelle volte una scena simile che potrei scrivere un ebook solo con racconti di questo tipo. Fortunatamente, se ciò è vero per le **credenze** limitanti, è altrettanto vero per quelle **potenziali, positive**, cioè quelle che possono aiutarti a superare gli ostacoli sul Tuo cammino. Quindi **comincia subito a nutrire la Tua mente di CREDENZE POSITIVE per aiutare il Tuo inconscio a lavorare per Te, gratuitamente.**

Tornando al Tuo esame, in questo modo avverrà il miracolo e pur con difficoltà, comincerai a carburare e a superare i momenti difficili, finendo per fare la Tua bella figura davanti a tutta la commissione. **Credici e vedrai che funzionerà.** Il problema della maggior parte delle persone è che prima vorrebbero che funzionasse per poi crederci. Invece, per fare in modo che funzioni, devi prima crederci. Impara a *sostituire le Tue credenze limitanti con altre credenze, positive e potenzianti.* Fai come ho fatto io e come continuo a fare ogni volta che devo affrontare un impegno importante, ripetiti spesso e volentieri questo mantra:

«Oggi, sarà una splendida giornata. Con l'aiuto del Signore riuscirò a superare anche questo problema ed andrà tutto per il meglio. Con il suo aiuto IO POSSO».

Riporta questo mantra su un cartoncino e portalo sempre con Te. Meglio ancora, puoi scriverlo e appenderlo da tutte le parti:

mettilo in macchina, in bagno, sulla porta della tua camera e, naturalmente, mettilo nel portafogli. Ripetilo ogni volta che devi fare qualcosa di importante. Ripetilo spesso e volentieri (fossi in Te lo farei sempre, indipendentemente dalla difficoltà delle cose da fare).

Ripetilo la sera prima di addormentarti, la mattina appena Ti alzi, e anche durante la giornata; fallo diventare una sana abitudine. Se non sei credente rivolgiti alla Forza, al Potere che è in Te, a Te stesso ecc. Qualsiasi entità può andar bene. L'importante è che Tu abbia qualcosa sopra di Te. Un'entità spirituale a cui puoi "aggrapparti" nei momenti del bisogno, da cui puoi attingere fede e fiducia in Te stesso. Sono certo che prima o poi, a forza di ascoltare le mie parole, qualcuno si convincerà che *se ci crede, anche lui può farcela*. Magari quel qualcuno potresti essere proprio Tu e scoprire oggi che **puoi, se ci credi**.

Ricordati della bellissima frase del grande **Henry Ford:** «*Tutto quello che Ti capita dipende da Te*». Se lo diceva lui... vale la pena credergli! **Ricordati che il SUCCESSO di una persona è il frutto delle Sue credenze.**

Entra nel circolo virtuoso e alimentati di *credenze positive* che svilupperanno *l'energia motivazionale*; questa a sua volta Ti porterà a compiere delle azioni che produrranno *risultati* e che, chiudendo il cerchio, alimenteranno costantemente il Tuo *successo*.

Esercizio

Per cambiare le Tue credenze e nutrirti di pensieri positivi fa' ogni giorno questo esercizio:

1. La sera, prima di addormentarti, pensa a qualche cosa di bello che potrai fare il giorno dopo. Costruisci un'immagine di Te mentre fai una cosa bella o risolvi un certo problema.

2. Costruisci un'immagine del Tuo pensiero e cerca di vedertici dentro, come se Tu fossi in un film o dentro a una foto: è molto importante che Tu veda Te stesso dentro l'immagine. In questo modo crei una nuova prospettiva per il Tuo cervello e lo abitui piano piano a vederti vincente e positivo.

3. Costruisci l'immagine il più dettagliatamente possibile, attraverso tutti i Tuoi cinque sensi: colora l'immagine, rendila più luminosa, avvicinala a Te, fa' tutti quei piccoli cambiamenti e aggiustamenti che Ti servono per rendere l'immagine ancora più piacevole, ancora più gradevole.

4. Fallo tutte le sere prima di addormentarti e poi lascia che il Tuo inconscio lavori per Te. Più prenderai l'abitudine di costruire momenti belli, più il Tuo cervello finirà per crederci.

Segreto n° 11: il successo di una persona è la somma delle sue credenze. Più sono forti e positive, più Ti permetteranno di raggiungere gli obiettivi che Ti poni. Più sono deboli e negative, più ingigantiranno i problemi che Ti crei.

Una piccola storia personale. Ci sono momenti nei quali la speranza crolla. Momenti in cui ogni certezza viene meno e cresce l'ansia per il futuro, che diventa sempre più incerto, sempre più cupo. Ci sono momenti in cui tutto Ti va storto. Momenti in cui commetti un errore dietro l'altro, in cui vengono a mancare lavoro e soldi, in cui una malattia entra nella Tua vita e cerca di portarti via, iIn cui un amore si dissolve nel nulla. Ci sono momenti come questi, terribili per un uomo e per una donna. Eppure questa è la vita: splendida e meravigliosa, ma al tempo stesso drammatica.

Purtroppo sono già passato in tutte le fasi brutte della vita, in tutte le fasi che ho descritto sopra. Ci sono stati momenti della mia vita in cui **non riuscivo a pagare** le bollette della luce e del gas. Momenti in cui Paola mi chiedeva continuamente se avessi pagato quella bolletta o quell'altra e io cercavo di tranquillizzarla dicendole che le avrei pagate l'indomani, senza che quel domani, giungesse mai.

Con Paola facevo un gioco: mettevo le bollette da pagare in una mano e le ruotavo come si fa con le carte e poi la invitavo a sceglierne una, quella che avremmo pagato. Chissà perché lei sceglieva sempre quella dall'importo più alto e pertanto – non gliel' ho mai detto –, più di una volta dovevo barare per farle scegliere la bolletta dall'importo più basso, quella che avremmo potuto pagare veramente.

Poi, quando le cose economicamente hanno cominciato ad aggiustarsi, ecco una "splendida" **malattia** giungere a turbare il mio futuro e quello delle persone a me care. Malattia che mi ha portato a un passo dal "punto di non ritorno" e naturalmente, essendo io una persona molto originale, doveva esserlo anche lei, la malattia.

Pertanto, un anno di ricerca e di esami a non finire per cercare di capire cosa mi fosse accaduto. Per *cercare di capire come mai*, una persona giovane (all'epoca avevo trentasette anni) che non fumava, non beveva, non aveva vizi "particolari" e andava regolarmente in piscina, a un certo punto crollava e si ritrovava sul lettino del pronto soccorso.

Mi sottoposi a moltissimi esami, dalle tac alle angiografie, dalle risonanze magnetiche agli esami genetici, per scoprire che sono un tipo "particolare", molto particolare (bene! finalmente anche gli esami si sono decisi ad ammetterlo), infatti, ho una mutazione genetica nel sangue, tale MTHR, che mi crea problemi con l'acido folico (sembra che il mio corpo lo distrugga o comunque, non abbia nessuna voglia di trattenerlo) e così si alzano a dismisura i livelli dell'omocisteina nel sangue e partono dei trombi ansiosi di visitare ed esplorare il mio corpo (meglio dire, anche scaramanticamente, partivano).

Passano quasi due anni dai primi sintomi della malattia e grazie a Dio, nonché ad un'ematologa molto preparata e coscienziosa della Clinica Universitaria di Pisa, tale dottoressa Cecconi, cui va il mio più sentito riconoscimento (non smetterò mai di dirle **GRAZIE**), la malattia viene prima individuata e poi tenuta sotto controllo con una semplice terapia a base di folina e ticlopidina (antiaggregante piastrinico). Aggiungiamoci anche una sana e naturale alimentazione, scoperta grazie al lavoro certosino e alla pazienza di Paola. A lei giunga il mio **GRAZIE** per avermi sopportato e condiviso la malattia con me.

Poi **tutto passa e torna la vita allegra e serena** che in alcuni momenti ho conosciuto; naturalmente, come accade a tutte le persone, chissà perché questi momenti non durano a lungo. Questa volta **ci metto del mio**, molto del mio (mi piacerebbe lamentarmi un po', ma purtroppo la sfortuna non c'entra: è solo colpa mia) e grazie al mio **orgoglio**, subito dopo la malattia, decido di lasciare una grande radio con la quale collaboravo con ottimi risultati da diversi anni; mentre qualche anno dopo decido di lasciare anche una bell'azienda nel settore del franchising che avevo da poco ristrutturato e rilanciato con successo sul mercato.

Certo che il mondo sia mio e in preda al fumo dell'orgoglio e della presunzione, decido di lavorare quasi esclusivamente per gli enti pubblici (istituti scolastici, comuni, agenzie formative ecc.) e fare formazione solo per loro. Ma ecco nuovamente dietro l'angolo, pronti a saltarmi addosso, i problemi di prima: altre questioni economiche, altre bollette non pagate o pagate in ritardo, debiti su debiti.

Loro, gli enti pubblici, Ti pagano quando vogliono e "se", naturalmente, lo vogliono. E io in banca a chiedere il fido, su cui, logicamente, pago fior fior d'interessi. Con gli avvisi di fattura emessi sono un uomo ricco, molto ricco (accidenti se sono ricco) e con i soldi reali in tasca, ossia, quelli delle fatture realmente pagate, sono povero, molto povero (accidenti se sono povero).

Finalmente mi illumino "sulla via di Damasco" e torno improvvisamente intelligente: riduco la mia collaborazione con gli enti pubblici e decido di tornare a fare formazione in percentuale maggiore con le aziende e, soprattutto, comincio a organizzare sempre più i miei seminari, nonché a fare coaching con le persone. **Le cose migliorano**, cominciano ad arrivare i soldi. **La gente paga** puntualmente (finalmente) e posso tornare a sorridere. Ma per poco.

Nel frattempo mi accorgo che piano piano il mio matrimonio vacilla. Comincia a sgretolarsi sotto i colpi impietosi della discordia e capisco che tra me e Paola è rimasto poco in comune, forse nulla. Mi guardo bene dal dare la sola colpa a Paola, di certo abbiamo contribuito entrambi al 50 per cento a creare questa situazione. Forse supereremo questo momento, forse no. Di sicuro, posso affermare che conoscendomi, **ci proverò fino in fondo**, perché non sono certo uno che si arrende alle prime difficoltà. Farò di tutto per far tornare il sorriso tra me e Paola. Ad ogni modo, pazienza, questa è la vita: splendida e meravigliosa, ma al tempo stesso drammatica.

Nonostante tutto, io ho fede. Continuo ad avere fede. Ho sempre i miei figli: due ragazzi stupendi cui voglio un bene dell'anima. Il mio lavoro, che mi permette di entrare in contatto con tantissima gente che posso provare ad aiutare. E se faccio *l'elenco delle cose belle che ho ancora* (ricordi l'esercizio?) devo ammettere che è lungo, molto lungo. Sì! Sono proprio fortunato e quindi continuo sempre a sorridere e anche questa mattina mi sono alzato pensando a tutte le cose belle che la vita può regalarmi. Niente e nessuno potrà mai costringermi o portarmi ad autocommiserarmi.

Le cose belle e brutte che la vita mi ha regalato dipendono anche da me. Forse me le sono cercate o forse era destino. Di sicuro evito di piangerci sopra e guardo avanti. **Guardo avanti e penso alle cose belle che posso ancora avere**, perché la *Legge di Attrazione* è sempre in azione, che Ti piaccia o no. Che Tu ci creda o meno.

Come lo ha già fatto in passato, la *Legge di Attrazione* mi farà avere tutto ciò che seminerò; quindi perché mi arrivino delle cose belle, mi accingo a seminare nuovamente delle cose belle. Se semino ricchezza e abbondanza, riceverò ricchezza e abbondanza. E poi permettimi di farti notare che la vita è comunque meravigliosa e vale la pena di essere vissuta intensamente. Io ci credo e me lo ripeto tutti i giorni. Tu?

Per favore, smettila di pensare di essere l'unica persona di questo mondo ad avere dei problemi. Se Ti guardi intorno troverai tantissime altre persone che hanno problemi come Te e che forse sono anche più importanti dei Tuoi. Sono certo che se Ti fermi un attimo a riflettere, se lo fai con il profondo del Tuo cuore, scoprirai che molti dei problemi che hai in questo momento sono nulla o, comunque, molto meno gravi rispetto ai veri problemi della vita: povertà, malattie, disgrazie, solitudine, abbandoni, guerre ecc.

Smettila di lamentarti e fai come me: impara ad avere Fede. Devi avere fede in qualcosa sopra di te. Io, per esempio, ho come riferimento san Francesco d'Assisi e ogni volta che sono in Versilia, per l'esattezza a Vittoria Apuana, passo a visitare la Sua bellissima chiesa e mi fermo a parlare un po' con lui.

Infine devi avere un'enorme, *incrollabile e profonda fede in Te stesso*. Devi avere fede nelle cose che fai e in quelle in cui credi. **Perché se Tu per primo non hai fede in Te stesso e nelle cose che fai, domandati: come potranno gli altri avere fede e fiducia in Te?** Insomma, hai capito che Tu sei ciò che credi di essere? Hai capito che se credi anche in Te puoi giocare le Tue carte sino in fondo? Hai capito che la fiamma della speranza la puoi tenere accesa solamente Tu, con il Tuo comportamento, con il Tuo modo di pensare e, soprattutto, con il Tuo modo di agire?! Allora *smettila di lamentarti e comincia ad agire*.

Segreto n° 12: per prima cosa, devi avere una profonda fede e fiducia in un'entità sopra di Te e ripeterti tutti i giorni che puoi farcela. Poi devi avere una profonda fede e fiducia anche in Te stesso. Abbi fede.

RIEPILOGO DEL CAPITOLO 2:

• SEGRETO n° 7: se vuoi cambiare la Tua vita devi prima cambiare il Tuo modo di pensare, devi cambiare la Tua mente.

• SEGRETO n° 8: smettila di lamentarti e impara ad apprezzare di più le cose belle che la vita Ti offre. Anche se sono poche, compila una lista e rileggila ogni giorno.

• SEGRETO n° 9: se credi di essere un vincente hai buone probabilità di diventarlo. Se credi di essere un fallito ci riuscirai sicuramente.

• SEGRETO n° 10: credenze e convinzioni sono forze potentissime che agiscono sul Tuo comportamento. Insieme ai valori, sono i principi guida che influenzano ogni Tua decisione e azione.

• SEGRETO n° 11: il successo di una persona è la somma delle sue credenze. Più sono forti e positive, più Ti permetteranno di raggiungere gli obiettivi che Ti poni. Più sono deboli e negative, più ingigantiranno i problemi che Ti crei.

• SEGRETO n° 12: per prima cosa, devi avere una profonda fede e fiducia in un'entità sopra di Te e ripeterti tutti i giorni che puoi farcela. Poi devi avere una profonda fede e fiducia anche in Te stesso. Abbi fede.

Giorno 3
Datti solo comandi positivi

Facendo formazione motivazionale e coaching, entro in contatto ogni giorno con molte persone e sento sempre più spesso affermazioni del tipo «*Quella cosa è semplicemente impossibile*», oppure «*Non mi riesce, non sono capace*» e ancora «*Assolutamente no, non posso farlo*».

Espressioni come queste sono all'ordine del giorno per molti esseri umani. Espressioni come queste permettono alle persone di evitare di perdere tempo e di impegnarsi seriamente a trovare una soluzione ai loro problemi. Espressioni come queste permettono a chi le pronuncia di trovare delle giustificazioni alla propria incapacità. **Espressioni come queste**, purtroppo, **non aiutano** le persone a raggiungere il benché minimo risultato nel corso della loro vita. Eppure, espressioni come queste sono pronunciate tutti i giorni da un esercito di persone, forse anche da Te. Persone che si pregiudicano, giorno dopo giorno, molte opportunità.

E dimmi: dopo quello che hai letto sino ad ora, **non sarebbe meglio sostituire queste espressioni negative con dei normali comandi positivi?** Non sarebbe semplicemente meglio sostituire queste frasi con un banale «*Se ci provo potrei anche scoprire di riuscirci*»?! Io penso proprio di si, credo che oltre a essere meglio sia anche opportuno e, se vuoi ambire al successo, quasi necessario. **Jim Goodwin** diceva: «*Solo quello che non si tenta è impossibile*».

Naturalmente non tutto è possibile a questo mondo, ci sono alcune cose che non dipendono solo da noi e che sono molto più grandi di noi. Spesso, però, gettiamo la spugna prima ancora di cominciare a giocare, oppure perché è troppo comodo farlo. Ci arrendiamo subito, alle prime difficoltà, senza neppure fare un misero tentativo. Poi ci consoliamo da soli dicendoci: «Vedi, non mi riesce, non posso proprio farlo». Ripeto: comodo, troppo comodo.

Anche Tu ti comporti in questo modo? Anche Tu ti arrendi così facilmente? Anche Tu giustifichi i Tuoi insuccessi continuamente?

Da molti anni, ormai, ho scoperto che **il miglior modo per eliminare un pensiero negativo è semplicemente quello di sostituirlo immediatamente con un pensiero positivo**. Fallo anche Tu, comincia subito a *nutrire* la Tua mente di cose belle, di pensieri positivi. Credici, perché sostituire pensieri e abitudini negative può sembrare tremendamente difficile; ma Ti dico che è possibile. Ripeto: basta crederci.

Chiedi aiuto a quelle che il grande **Norman Vincent Peale** chiama "le due magiche P": **pazienza e perseveranza.** Nel suo libro *Come vivere in positivo* (bellissimo, merita un posto nella Tua biblioteca personale) **Peale** racconta come tutti, dico tutti, possano modellare il proprio destino e realizzare le proprie ambizioni, a patto che siano fermamente convinti di riuscirvi.

Se **credere in se stessi è la regola numero uno** per arrivare al successo, **darsi solo comandi positivi è la regola numero due**. Quale sia il Tuo personalissimo obiettivo è importante che Tu impari a darti sempre e solo dei comandi positivi. Anziché dirti che *non sei capace di fare quella cosa*, sforzarti di darti lo stesso comando in forma positiva. Ripeti a Te stesso, tutti i giorni e più volte al giorno, che *puoi* fare quella cosa, che *puoi* riuscire in quel lavoro, che *puoi* credere nelle Tue potenzialità, che *puoi* credere nelle Tue risorse, che *puoi* credere nelle Tue capacità.

Permettimi di farti notare che **risorse e capacità sono già presenti dentro di Te**. In oltre vent'anni di libera professione non ho mai incontrato e devo ancora conoscere, una sola persona che non abbia qualche abilità o capacità. Forse sono nascoste, forse sono solo un po' affievolite; oppure si sono un po' perse, o, magari, semplicemente non le hai mai sviluppate, ma di sicuro sono già dentro di Te. Ne hai più di quante Tu ne possa pensare, devi solo aiutarle a uscire, a manifestarsi pienamente; devi liberarti delle Tue paure. Spesso basta poco, veramente poco, per sviluppare delle risorse che hai già internamente. Per far questo **impara ad alimentare il Tuo modo di pensare in positivo ogni giorno.** Fallo ogni sera, prima di addormentarti. Fallo ogni mattina, prima di alzarti, e fallo durante tutta la giornata, continuamente.

Ogni volta che un brutto pensiero tenta di far capolino nella Tua testa, caccialo via. Costringilo in un angolo, come un pugile costringerebbe all'angolo il suo avversario; riempilo di sonori ceffoni. Al posto dei ceffoni fisici usa quelli "mentali", composti da potentissimi pensieri positivi. Posso garantirti che se tieni la Tua mente impegnata con dei pensieri positivi, difficilmente troverà il tempo, la forza e la voglia di riempirsi e alimentarsi di brutti pensieri. **Più alimenti la Tua mente inconscia di pensieri positivi e più finirai per rafforzarli.** Più li rafforzerai e più la Tua mente avrà bisogno di nutrirsi di pensieri positivi. Finendo in un circolo virtuoso, che si alimenta da sé.

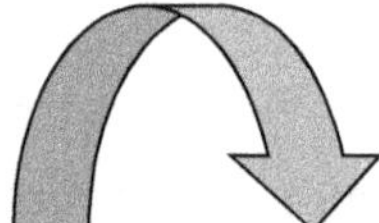

Circolo Virtuoso in cui la mente si alimenta di pensieri positivi

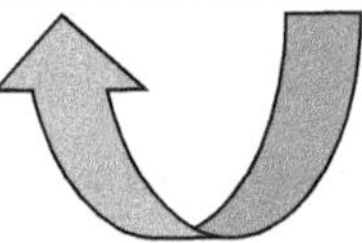

Segreto n° 13: il miglior modo per eliminare un pensiero negativo è semplicemente quello di sostituirlo immediatamente con un pensiero positivo.

Da molti anni ormai aiuto le persone a *crescere* e posso affermare, senza paura di essere smentito, che *a questo mondo non esistono persone incapaci, ma solo persone che si impegnano poco* o che hanno bisogno di essere stimolate e motivate a trovare, principalmente dentro se stesse, le risorse necessarie per riuscire nella propria vita. Usa il prossimo esercizio per stimolare continuamente Te stesso a trovare o ritrovare le risorse che possono aiutarti a cambiare in meglio la Tua vita.

Esercizio

Prendi carta e penna e comincia a fare l'**elenco delle risorse** che hai, dandoti con molta onestà un **punteggio da 1 a 5**, dove 1 significa che la risorsa è proprio minima e 5 che la risorsa è al massimo delle sue potenzialità. Se non riesci a essere obbiettivo nelle valutazioni individua una persona che lo sia tra quelle che ti sono vicine e chiedile anche di dare un punteggio alle varie risorse. Quindi:

1. Cerca tra queste risorse quelle che hai (o presumi di avere) e che Ti servono per raggiungere i Tuoi obiettivi e dai loro un

punteggio: coraggio, determinazione, forza, grinta, perseveranza, capacità di adattamento, flessibilità, puntualità, voglia di apprendere, umiltà, costanza, ottimismo, capacità comunicative e relazionali ecc.

2. Completa l'elenco con le risorse che mancano e che presumi possano servirti.

3. Dividi le risorse in due gruppi: a destra ci metterai tutte quelle che hanno sviluppato un punteggio da 4 a 5, a sinistra quelle che hanno sviluppato un punteggio da 1 a 3.

4. Le risorse che hanno sviluppato punteggi da 4 a 5 sono già buone e le devi solo migliorare.

5. Le risorse a cui hai dato punteggi da 1 a 3 devono assolutamente essere sviluppate.

6. Adesso, supponiamo che devi **sviluppare risorse** come il **coraggio e** la **grinta.** Puoi svilupparle una alla volta, andando a rivivere un momento della Tua vita in cui hai usato una delle

due risorse e poi *ancorarle con un gesto*. L'ancoraggio è un procedimento che serve a collegare a Te una particolare sensazione/risorsa con un semplice gesto della mano, per poi richiamare quando vuoi tale sensazione/risorsa riproducendo quel banale semplice gesto. Tranquillo, sicuramente almeno una volta nella Tua vita sei stato coraggioso oppure pieno di grinta. *Cerca bene dentro di Te* e anche se Ti vengono in mente ricordi che non hanno nulla a che fare con l'obiettivo che intendi raggiungere, va bene lo stesso: quello che conta è che Tu possa attingere dal pozzo della Tua memoria e rivivere quei momenti, anche se sono di quando eri bambino.

7. **Rivivere un momento che hai già vissuto e ancorarne le sensazioni tramite un gesto:** puoi farlo quando vuoi, durante il giorno o la sera prima di addormentarti. Mettiti in un posto tranquillo, chiudi gli occhi e torna a un momento in cui hai usato, per esempio, la risorsa *grinta*. Rivivi nei minimi dettagli quel momento usando tutti e cinque i sensi: visualizza quello che vedevi allora, senti eventuali voci e suoni che sentivi e prova le stesse identiche emozioni. **Quando sei al massimo della sensazione positiva** e senti la grinta pervaderti in ogni

parte del corpo, **àncorala** a Te con un gesto che potrebbe essere semplicemente quello di prenderti il polso sinistro con la mano destra; in realtà qualsiasi altro gesto semplice può andar bene, come ad esempio stringere i pugni, oppure tirarsi il lobo dell'orecchio destro, oppure schioccare le dita ecc.

Ripeti il procedimento tre o quattro volte e poi **prova l'àncora**: se hai fatto bene l'ancoraggio Ti basterà rifare il gesto della mano destra sul polso sinistro per sentire nuovamente l'emozione della grinta dentro di Te. Se non ha funzionato, ricomincia da capo stando più attento ai meccanismi.

Adesso cambia la risorsa e fai lo stesso esercizio andando a cercare nei Tuoi ricordi un momento in cui sei stato coraggioso. Potrebbe anche essere un ricordo di bambino, magari quella volta in cui sei entrato nel castello dei fantasmi al luna park e hai dimostrato a tutti i Tuoi amici quanto eri coraggioso.

Rivivi attraverso i cinque sensi il ricordo di quando eri pieno di coraggio e quando sei al massimo delle sensazioni positive àncora la sensazione sullo stesso braccio che hai usato prima, ma fallo sull'avambraccio, in modo da fare due àncore vicine tra loro (si chiamano "ancore scorrevoli"), così potrai riattivarle contemporaneamente facendo scorrere la mano destra sul braccio sinistro. Anche in questo caso testa sempre l'àncora: se non funziona e non senti le emozioni positive del coraggio dentro di Te, vuol dire che hai sbagliato qualche passaggio e devi ricominciare da capo.

8. Ripeti gli esercizi tutti i giorni per almeno una settimana. Sono certo che dopo un po', le sensazioni ad essi collegate si riattiveranno solamente toccandoti il polso e l'avambraccio.

Puoi fare questo gioco con tutte le altre risorse che Ti mancano e presumi possano servirti, anche con quelle che sono già abbastanza forti dentro di Te (puoi solo accentuarne le sensazioni positive).

La storia è piena di grandi uomini e grandi donne che prima di ogni altra cosa hanno creduto in quello che facevano, che hanno lottato contro tutti e contro tutto e che con le loro credenze hanno prima cambiato la loro vita e poi quella di molte altre persone intorno a loro, in alcuni casi hanno cambiato addirittura il mondo.

Solo per citarne qualcuno: **san Francesco d'Assisi** (chi mi conosce personalmente o attraverso la mia mailing list mi segue da molto, ha capito che è il mio santo preferito), **Leonardo da Vinci, Giovanna D'Arco, beata Madre Teresa di Calcutta, Gandhi, i fratelli Wright, Thomas Alva Edison, Martin Luther King, Henry Ford, Gianni Morandi, Anthony Robbins, Lady Diana, Silvio Berlusconi ecc.**

Senza volermi accostare a questi grandi personaggi, cito molto umilmente anche la mia vita. La cito appositamente per farti capire che *non bisogna essere dei super uomini o delle super donne per cambiare le cose.* Spesso bastano tanta buona volontà e una fede incrollabile. Da questo capisci che anche semplici persone come me e come Te, possono, se ci credono veramente, cambiare le cose intorno a loro.

Magari non riusciremo a cambiare il mondo e non saremo ricordati nei libri di storia, ma, credimi, possiamo sicuramente cominciare a cambiare in meglio noi stessi e, a cascata, tutto ciò che ci gira intorno. A Te sembra poco?

Posso garantirti che se sulla terra esisteva una persona negativa, che vedeva sempre nero e incolpava gli altri di tutto ciò che di brutto gli capitava, quello ero io. Sì, hai capito benissimo: Giancarlo Fornei Ti ha appena confidato che in passato è stato un grandissimo pessimista, che si lamentava sempre di tutto e di tutti!

Poi, tornato dall'esperienza del militare, la mia vita è cambiata, e giorno dopo giorno, con molta **fatica e** tanta, tanta **perseveranza**, ho scoperto e cominciato ad applicare la filosofia del *Pensiero Positivo* e fortunatamente sono diventato il Fornei di oggi, la persona invidiata da molti, la persona che molti pensano sia nata col sorriso stampato sul volto, con la capacità di credere in tutto quello che fa, piena di coraggio e fiducia in se stessa, con un'autostima molto elevata e invece… ho dovuto faticare anche io.

Quanta fatica per cambiare, per plasmare il mio carattere. Quanta fatica per superare i momenti critici della mia vita. Ma a forza di crederci, pezzettino dopo pezzettino, momento bello dopo momento bello, eccomi qui. E **credimi: se ci sono riuscito io puoi tranquillamente farcela anche Tu.**

Scrivi su un cartoncino e rileggi spesso questa bellissima frase di **Marco Aurelio,** Ti aiuterà ad avere una visione diversa della vita: *«La nostra vita è ciò che ne fanno i nostri pensieri».*

Segreto n° 14: se pensi che la Tua vita può migliorare, Ti accadrà una cosa meravigliosa:migliorerà.

Nel primo capitolo ti ho già spiegato come funziona il Tuo cervello. Lui, il Tuo cervello, lavora in maniera molto particolare. Riceve ogni giorno migliaia di comandi consci e, soprattutto, inconsci, che si rafforzano continuamente. Permettimi di ricordarti come funziona la macchina perfetta che hai in testa. Come Ti ho già detto, il Tuo cervello è "letterale", cioè **prende alla lettera ogni comando che gli dai.** Purtroppo non è in grado di distinguere tra comandi negativi o comandi positivi, lui, il Tuo cervello (che a scanso di equivoci è identico al mio e a quello di tutti gli altri lettori di questo ebook), **è una macchina perfetta e si preoccupa solamente di eseguire i comandi nel miglior modo possibile: prendendoli alla lettera.**

Ti rendi conto? Lui fa esattamente quello che Tu gli dici di fare. Se vivi e nutri la Tua mente di pensieri negativi, lui, il Tuo cervello li metterà in atto per Te. Quindi molto *meglio imparare subito a nutrire il Tuo inconscio* **di comandi e pensieri positivi;** comincia da subito a *credere di potercela fare*. Comincia a credere di essere in grado di fare qualche cosa di bello nella Tua vita. Perché, vedi, se non ci credi Tu, spiegami: chi potrebbe o dovrebbe farlo al Tuo posto?

Il Tuo cervello è una macchina perfetta e, come le macchine perfette, esegue alla lettera ogni comando che gli dai. Facciamo un esempio: se io continuo a dire ai miei figli, Sebastian e Mattia, che *sono degli stupidi e non capiscono nulla*, il loro cervello comincerà a elaborare l'informazione e creerà una **connessione**, in altre parole una conoscenza, di questo tipo: «*Siamo stupidi e non capiamo nulla, ce lo dice nostro padre*». Poi i miei figli andranno a scuola e magari qualche professore molto "intelligente" li riprenderà dicendo loro «*Ma allora siete proprio stupidi!*», allora il loro cervello rielaborerà nuovamente quell'informazione e rafforzerà la connessione «***Siamo proprio stupidi****, oltre a mio padre, ce lo dice anche il professore!*»

Sebastian e Mattia frequentano gli amici, le ragazzine, e con loro accade qualcosa di simile (non è detto che le parole debbano essere le stesse, di sicuro basta il contenuto negativo)… e il loro cervello rielabora, sempre inconsciamente (quindi senza che se ne possano accorgere) la conoscenza negativa, rafforzando la connessione «*Siamo proprio stupidi e non capiamo nulla, ce lo dicono tutti*».

Ieri, oggi, domani, dopodomani: il cervello di Sebastian e Mattia riceve un'infinità di *comandi negativi*, che lui, il cervello, acquisisce come **ISTRUZIONI da eseguire alla lettera** e i miei figli, inconsciamente, finiranno per crederci. E, sempre inconsciamente, quando dovranno affrontare un problema nella loro vita, oppure avranno bisogno di maggior forza interiore, il loro cervello *risponderà* in automatico e dirà loro: «Ma cosa fate!

Tanto siete due stupidi e non capite nulla, quindi non cominciare neppure!». E i miei ragazzi butteranno subito la spugna, convinti di non essere capaci a fare nulla.

Naturalmente la *mappa del mondo* di ciascuno dei due, avendo ognuno una mappa diversa, accentuerà o diminuirà tale credenza. Pertanto potrebbero sviluppare la stessa identica convinzione, oppure una stessa convinzione, ma con forza e peso diverso, o ancora due convinzioni completamente diverse. Fortunatamente Sebastian e Mattia sono tranquilli, perché sanno bene che il loro papà eviterà accuratamente di dire quelle cose e finché potrà alimenterà le loro menti di soli pensieri positivi e motivanti.

La stessa cosa funziona **quando usiamo negazioni e comandi negativi** che vanno a lavorare sulle nostre convinzioni o credenze. Per esempio: «Questa cosa non mi riesce farla»; «La matematica non riesco a capirla bene»; «Parlo, parlo, ma nessuno mi capisce»; «Non riesco proprio ad essere puntuale»; «Non riuscirò mai a smettere di fumare»; «Sono grasso e non riuscirò mai a dimagrire»; «Per quanto ci provi quel lavoro non riuscirò mai a farlo bene» e così via.

Il Tuo cervello elabora alla lettera le informazioni che ha ricevuto (le famose istruzioni) e crea quelle connessioni che con il passare del tempo si rafforzano sempre di più, sino a diventare delle vere e proprie **CONVINZIONI LIMITANTI**. Se posso darti un consiglio: evita assolutamente, nella Tua comunicazione – sia verso Te stesso, sia verso gli altri – di usare termini negativi (o negazioni).

Ricordati che **la negazione usata per dare comandi negativi alle Tue credenze è assorbita dal Tuo cervello sino a farla diventare una vera e propria convinzione limitante.** Più tempo passerai a dire a Te stesso che *non puoi*, più il Tuo cervello finirà per crederci. Più tempo passerà e più sarà difficile togliere la convinzione limitante. Rompi lo schema, fallo subito, senza rimandare a domani.

Ricorda la bellissima frase di **san Francesco:** «*Fai attenzione a come pensi e a come parli, perché potrebbe trasformarsi nella profezia della tua vita*».

Permettimi di farti notare che **se nella vita vuoi ottenere dei risultati**, qualsiasi campo Tu voglia intraprendere, **devi continuamente nutrire il Tuo cervello di pensieri positivi**. Impara a *pensare in positivo* e vedrai che la Tua autostima crescerà, e più crescerà, più riuscirai ad avere fiducia nelle cose che fai, trasformando le difficoltà in opportunità.

Rivolgi questo modo di pensare anche verso gli **altri**, smetti di dire loro che *non possono fare qualche cosa*. Chi sei Tu per dire agli altri cosa possono o non possono fare? E se Ti limiti a dirlo a Te stesso… sei proprio sicuro di fare la cosa più giusta per Te?

Dammi retta: trasforma ogni negazione in qualcosa di positivo, vedrai che presto arriveranno i primi risultati. Per esempio «**Non ci riesco**» fallo diventare «**Io posso farcela**». Così come ci sono riuscito io, anche Tu sei in grado di cambiare il Tuo modo di pensare e di eliminare, per sempre, ogni forma negativa. **John Dryden** diceva: «*Prima noi ci formiamo delle abitudini, e poi loro formano noi*».

Chissà quante volte lo hanno fatto anche con Te che stai leggendo: in famiglia, la ragazza o il ragazzo, gli amici, la scuola, il lavoro ecc. Chissà quante volte Ti hanno detto che *non capisci nulla, che non sei capace di fare nulla…* E Tu come hai reagito? Se sei come me, una persona con un carattere forte, probabilmente tutto ciò Ti ha fatto alterare moltissimo e ha finito per *ricaricarti* ancor di più. Se invece sei una persona debole, o comunque facilmente influenzabile, è probabile che Ti sarai subito arreso, senza cercare di combattere, reagire, finendo per non credere più neppure in Te stesso e per mollare tutto.

Convincendoti dalla "bontà" delle parole degli altri che continuano a dirti: non sei capace, non puoi farcela, non riesci ecc, **Tu, finisci per "assorbire" alla LETTERA questi comandi.** Ti ricordo che tutto ciò accade perché il Tuo cervello non mette in discussione le istruzioni che gli dai o che riceve dall'esterno, semplicemente perché *non è programmato per farlo.*

Quindi fa' attenzione a quando Ti azzardi ad avanzare considerazioni su Te stesso, oppure anche quando dai dei comandi agli altri: ogni **parola** che dici e ogni **pensiero** che hai sono recepiti dal cervello come **ISTRUZIONI** e, credimi, farà del suo meglio per eseguirle alla perfezione.

Segreto n° 15: se nella vita vuoi ottenere dei risultati, devi continuamente nutrire il Tuo cervello di pensieri e comandi positivi. Per farlo, scrivi il pensiero o il comando su di un cartoncino e leggilo la sera prima di andare a letto e la mattina prima di alzarti.

Una piccola storia personale. Era la prima settimana di dicembre e non si prospettava affatto un gran Natale per me. Lo avrei infatti passato in caserma, nuovamente di guardia. Non leniva la mia rabbia neppure il fatto che per la prima volta non avrei fatto la sentinella nel vero senso della parola, dato che ero stato da poco promosso caporale.

Di certo c'era comunque che avrei passato il Natale in caserma. La *rabbia* saliva ancor più forte in me pensando che, nonostante fossi prossimo al congedo (fine gennaio/primi di febbraio), ero stato costretto a montare di guardia: non si era mai visto un "nonno" montare di guardia! La verità era che avevo commesso l'ennesima leggerezza e quindi ero stato punito con la guardia alla porta carraia di Natale e Santo Stefano.

L'unica cosa che leniva la mia arrabbiatura era che il mio comandante, con un *gesto che oggi apprezzo* ancor di più, mi concesse quarantotto ore di permesso nel primo fine settimana di dicembre. Quel giorno, dunque, ero sul treno per casa: Carrara.

Salii sul locale che da Arezzo mi avrebbe portato a Firenze, da dove poi avrei preso il treno per Pisa. Come di mia buona abitudine, cercai uno scompartimento vuoto. Ricordo ancora che camminai sul treno, che nel frattempo era partito da almeno un paio di minuti, alla *disperata ricerca di uno scompartimento tutto per me, da non dividere con nessuno*. Da questo fatto puoi capire quanto, all'epoca, fossi poco socievole e scarsamente comunicativo. Adesso comprendo perché gli amici dell'adolescenza mi chiamavano "orso". Lo ero sotto tutti gli aspetti. Ad ogni modo trovai quello che stavo cercando quasi in testa al treno. Una volta dentro tirai le tende per evitare che dal corridoio potessero notare che lo scompartimento era vuoto.

Cominciai a leggere il giornale, che all'epoca era, naturalmente, la mitica Gazzetta dello Sport. Ma quel giorno il *destino* aveva preparato per me un incontro, che in seguito si sarebbe rivelato il più importante della mia vita. Un paio di fermate dopo Arezzo salì sul treno un uomo anziano, dall'aspetto di un cow-boy, sorridente e allegro; neanche a farlo apposta aprì il mio scompartimento e si sedette davanti a me. Era alto e un po' stempiato, senza barba e senza baffi, avrà avuto una settantina d'anni e aveva un sorriso stampato sul volto che all'epoca mi rendeva ancora più nervoso. Quasi mi suscitava rabbia.

Mi rivolse subito un «buongiorno» che era tutto un programma e poi, facendo tutto da solo, aggiunse: «Militare, vero? Bene. È giusto servire la propria patria. Quando io ho fatto il servizio militare, non si poteva andare a casa in licenza in abiti civili. Così in quelle occasioni indossavo la mia bella divisa color caki, su cui spiccava il cordone intrecciato con i colori della bandiera Italiana, che partiva dal bottone sulla spalla sinistra della mia giacca e passava sotto l'ascella. Il cordone era segno che ero prossimo al congedo. In ogni caso non era poi così difficile capire che ero un militare!»

Comunque il nostro amico continuava a parlare da solo: si faceva le domande e si dava anche le risposte: da Arezzo a Firenze il regionale che avevo preso ci mise almeno un'ora e mezza... Immaginami per un solo istante all'interno dello scompartimento: di pessimo umore perché avrei fatto il Natale in caserma, già nero e negativo di mio, scarsamente socievole e ancor meno comunicativo, con quest'uomo che continuava a parlare e sorridere, sorridere e parlare.

Ero sul punto di esplodere e ancora oggi non capisco come mai non fui sgarbato; mi limitai invece a fare l'unica cosa che potevo: creare una barriera tra me e lui; alzai quindi sempre di più il giornale, come se fosse un muro. Scoprii solamente negli anni che avevo usato il mio linguaggio del corpo per dirgli qualcosa come: «Non rompermi le scatole, non voglio parlare con te». Finalmente arrivammo a Firenze, e siccome dovevo cambiare, tirai un grosso sospiro di sollievo, certo di essermelo tolto di torno.

Cambiai binario e salii su treno locale per Pisa. Qui cominciai il solito rituale: camminare sul treno in cerca di uno scompartimento vuoto. Questa volta lo trovai quasi subito; quindi entrai, chiusi la porta e tirai le tende. Sprofondai nei sedili e nei miei pensieri, che all'epoca erano alquanto negativi e deprimenti. Ma il destino era in agguato e quel giorno non mi avrebbe concesso un attimo di pace.

Poco prima che il treno partisse, ecco che di nuovo qualcuno bussare al mio scompartimento. A entrare questa volta fu una coppia di ragazzi universitari; si sedettero nei sedili vicino alla porta e cominciarono a chiacchierare tra di loro, lasciando la porta aperta. Questa cosa mi diede un certo fastidio, ma non ebbi il coraggio di alzarmi per chiuderla o di chiedere a loro di farlo.

Nemmeno cinque minuti dopo ecco di nuovo il mio destino presentarsi sotto la veste dell'arzillo signore: passò davanti allo scompartimento, mi vide e mi salutò come se fossi stato un vecchio amico. Entrò e indovina dove si venne a sedere? Vicino a me! Proprio di fianco. Io avevo preso posto accanto al finestrino, per cui mi girai col busto verso l'esterno. Ma lui tornò a rivolgermi delle parole, alle quali puntualmente rispondevo con suoni gutturali.

I ragazzi scesero quasi subito, lui invece dovetti sopportarlo sino a Pontedera, e cioè per parecchie fermate. Per tutto il tragitto parlò della vita, che era meravigliosa, che era bello poterla vivere fino in fondo. **Parlò del sorriso** e dell'importanza che aveva per le persone. Parlava solo lui ed era anche capace di darsi le risposte.

Finalmente arrivammo a Pontedera, dove scese. Era quasi sulla porta dello scompartimento quando si girò, mi chiamò e disse: «Peccato, *potresti essere molto più felice* di quello che sembri. Ragazzo mio, *impara a sorridere e vedrai che la vita ti sorriderà*». Si avvicinò a me e **mi porse un biglietto**. Non so dirti perché lo presi, so solo che lo presi e lo misi subito nella tasca sinistra interna della mia divisa. Lo ringraziai con un suono gutturale e mi girai nuovamente verso il finestrino. Non lo vidi mai più.

Nel frattempo arrivai a Pisa, scesi dal treno e presi l'ultimo locale che mi avrebbe portato finalmente a casa, a Carrara, una "metropoli" ai confini con la Liguria di circa 100 mila abitanti, sviluppata in molte frazioni. Per la precisione all'epoca abitavo ad

Avenza di Carrara, in un palazzo talmente brutto che, per la sua forma, veniva chiamato *"La Nave"*.

Passò la notte e la mattina dopo mia madre, mettendo a posto la divisa, trovò il biglietto ed ebbe la bella pensata di lasciarlo sul mio comodino. Quando mi svegliai ero più spento della sera prima, dato che ero arrivato tardi dopo aver fatto baldoria con gli amici. Ero più scarico e depresso degli altri giorni e già immaginavo la domenica grigia che mi aspettava, senza tener conto che alle diciassette sarei dovuto ripartire per Arezzo.

Scendendo dal letto non potei non notare il biglietto sul comodino, lo presi in mano e vidi che era scritto su tutti e due i lati; sulla parte anteriore c'era questa frase: «**Sorridi, che la vita ti sorriderà**», sul retro erano riportati i titoli di due libri: *Il venditore meraviglioso* di **Frank Bettger** e *Come trattare con gli altri e farseli amici* di **Dale Carnagie.** Posso garantirti che quel biglietto non sortì nessun effetto immediato e lo buttai nuovamente sul comodino, dimenticandomene. Mia madre, che è una santa donna, pensando che fosse importante lo rimise nella tasca interna della mia divisa.

Ma non finisce qui. Mi congedai il 9 febbraio del 1982, tornato a casa mia madre ripose la divisa nell'armadio con molta cura. Passarono ben quattro anni. Era il febbraio del 1986 e per carnevale, dato che non avevo il becco di un quattrino, ebbi la bella pensata di travestirmi da militare. Mettendo il portafoglio nella tasca interna, ecco spuntare il famoso bigliettino.

Cominciò ad insinuarsi dentro di me un dubbio: **perché a distanza di tanti anni era ancora lì?** Così lo lessi nuovamente. Quella notte non feci altro che girarmi nel letto, pensando se fosse opportuno comprare o meno quei due libri.

Devi sapere che dopo pochi mesi che ero tornato dal servizio militare avevo lasciato il mio lavoro fisso di carpentiere in legno e cominciato una "fantastica" avventura come rappresentante. Il primo tentativo era stato quello di piazzare l'aspirapolvere Folletto porta a porta. Poi, visto il magro bottino di vendita (solo tre aspirapolvere in sei mesi, di cui uno alla mia mamma), provai a vendere la cancelleria nelle cartolerie. Altro fallimento a cui seguì un nuovo tentativo.

Ecco allora una di rappresentanza trovatami da mia sorella: vendere le candele ai preti. Dopo qualche problema economico, di cui Ti racconto i dettagli più avanti, eccomi infine a cercare di vendere shampoo e bagnoschiuma.

Tutte queste rappresentanze le trascorsi a maledire il mondo, a inveire contro gli altri, a commiserarmi e a fare piccoli lavoretti occasionali. Poi, per magia, arrivò la radio e la radio sarà da quel momento l'elemento positivo più volte ricorrente nella mia vita; entrerà e uscirà con una certa regolarità. Sembra quasi che ci sia un filo sottile e invisibile che ci lega, me e la radio. Anche in questo preciso momento, mentre scrivo, la radio è un pezzetto della mia vita. Conduco una trasmissione sulla *Comunicazione & Motivazione* su **Radio Nostalgia Toscana; attraverso questa trasmissione mi sono fatto conoscere** a un pubblico sempre più numeroso.

Quando trovai nuovamente il biglietto nella tasca interna, lavoravo già da circa un anno come animatore radiofonico a **Radio In,** nota emittente locale dell'epoca. A essere sincero ero talmente *"bravo"* come animatore che mi facevano fare una *trasmissione in "notturno"*, ovvero, andavo in onda dalle dieci a mezzanotte, così non mi poteva sentire nessuno e – secondo i miei tutt'ora carissimi amici, Gianluigi Lencioni e Roberto Secci, mitiche voci radiofoniche dell'epoca, nonché Direttore Artistico il primo e Direttore Tecnico il secondo (o viceversa, scusate ma i neuroni cominciano ad invecchiare) – non potevo fare troppi danni all'ascolto.

Ad ogni modo, cari Gianluigi e Roberto, avevate sbagliato i conti, perché *qualcuno che mi ascoltava a quell'ora c'era.* Avevo da poco conosciuto Paola e lei si sintonizzava tutte le sere su Radio In per ascoltare le mie dediche. O comunque, è quello che ha sempre affermato. In ogni caso la radio era la mia passione; avevo cominciato per scherzo anni prima a **Radio Lungomare,** una piccolissima emittente locale.

Per vivere e, soprattutto, continuare a trasmettere in radio, dovevo vendere la pubblicità. Questi erano infatti gli accordi tra me e Mario Rallo, il proprietario della radio. Anni dopo, in seguito a un tragico incidente, Mario scomparve. Lo ricordo con molto affetto, come un padre per me, e anche se oggi non è più tra noi, lo ringrazio per tutte le volte che mi ha incoraggiato ad andare avanti e a non arrendermi mai. Ricordo ancora la sua voce gentile, calma, tranquilla. Ricordo quando decise di anticiparmi mensilmente dei soldi su provvigioni che forse non avrei mai prodotto: *con il suo gesto mi ha aiutato a uscire* da quel vicolo cieco in cui mi ero infilato prima di conoscerlo.

Ma torniamo ai due libri di quel famoso bigliettino. Dato che cercavo di vendere pubblicità con scarso successo ed ero praticamente senza soldi, decisi di comprarne solo uno; la scelta cadde sul primo della lista, ***Il venditore meraviglioso***, proprio perché parlava di vendita. Pensa che in studio ho ancora il libro originale con la copertina rigida rossa, la carta gialla che si usava all'epoca e il carattere del corpo abbastanza grande.

Lessi **quel libro** in pochi giorni. Praticamente lo divorai. Era semplicemente fantastico; **è semplicemente fantastico, e lo consiglio anche a Te,** anche se non vendi nulla. È un libro bellissimo, carico di passione e di entusiasmo, pieno di positività. Credimi, Ti sarà molto utile. Lo lessi e rilessi. Cominciai poi pian piano a mettere in pratica quanto **Bettger** raccontava. In realtà quella volta cominciai a fare solo una cosa banale: **a pensare in positivo e fare le cose con un po' di entusiasmo.** Solo in seguito avrei messo in pratica anche le tecniche che **Bettger** consigliava.

In poco tempo le mie vendite aumentarono e nei mesi successivi si accrebbero notevolmente. Finalmente cominciavo a vedere un po' di luce. Finalmente cominciavo a pensare almeno un poco in positivo, proprio come suggeriva **Frank Bettger** nel suo libro.

Un giorno, proprio mentre cercavo di vendere pubblicità in un locale, incontrai la seconda persona "speciale" della mia vita; grazie a questa persona dopo qualche mese decisi di lasciare la radio per andare a imparare il mestiere di pubblicitario a Parma, presso l'agenzia di cui proprio lui era socio: la **Progetto Pubblicità Associati**, e ad aprire un mio studio. Ma questa è un'altra storia. Te la racconto più avanti.

Segreto n° 16: per pensare in positivo e cambiare la Tua vita devi solo fare una cosa: cominciare, da subito, a pensare in positivo.

RIEPILOGO DEL CAPITOLO 3:

• SEGRETO n° 13: il miglior modo per eliminare un pensiero negativo è semplicemente quello di sostituirlo immediatamente con un pensiero positivo.

• SEGRETO n° 14: se pensi che la Tua vita può migliorare, Ti accadrà una cosa meravigliosa: migliorerà.

• SEGRETO n° 15: se nella vita vuoi ottenere dei risultati devi continuamente nutrire il Tuo cervello di pensieri e comandi positivi. Per farlo, scrivi il pensiero o il comando su di un cartoncino e leggilo la sera prima di andare a letto e la mattina prima di alzarti.

• SEGRETO n° 16: per pensare in positivo e cambiare la Tua vita devi solo fare una cosa: cominciare, da subito, a pensare in positivo.

Giorno 4
Difenderti dagli sport preferiti degli Italiani

Ti sei mai chiesto *quali* siano gli *sport preferiti dagli italiani?* Il calcio, penserai, oppure la Formula Uno. A dire la verità, potrebbero essere anche l'atletica leggera o il basket. Niente di tutto questo... Gli *sport preferiti* dalla maggior parte delle persone sono *"parlar male degli altri"* e *"scoraggiare le persone che si hanno accanto, ovvero: tagliare le ali ai loro sogni"*.

Provo a spiegarmi meglio. Hai presente quel tipo di persona (uomo o donna non fa alcuna differenza) che continuamente parla male degli altri e critica le persone, qualsiasi cosa esse facciano? Se sono con Te parlano male dei Tuoi amici, se sono con i Tuoi amici parlano male di Te. Questo è il primo degli sport tipici degli italiani: **parlare male di qualcuno.**

Poi ci sono *quelli sempre pronti a scoraggiare gli altri.* Quegli individui che io definisco "specializzati" nel distruggere, nel demolire *i sogni* delle altre persone. Quelli che quando hai un *sogno nel cassetto* oppure una *brillante idea* da sviluppare, sono sempre pronti a darti un consiglio fantastico: **lascia stare, tanto non puoi farcela.**

Spesso sono i Tuoi stessi genitori, oppure la persona a cui vuoi bene, per non parlare del Tuo insegnante delle superiori o dell'università, dei Tuoi migliori amici ecc. Di sicuro sono prodighi di consigli (purtroppo negativi) e credono veramente molto in Te (infatti sono certi che fallirai). Questo è il secondo degli sport tipici degli italiani: **distruggere i sogni della gente.**

Conosci qualcuno che abbia questi requisiti?

Che possegga queste splendide qualità?

Io ne conosco molti, forse troppi. Nella mia esperienza professionale ho incontrato una quantità di questi individui. Il mondo è pieno di persone fatte così. Persone profondamente insoddisfatte della propria esistenza, che non amano il lavoro che fanno, la loro stessa vita e non desiderano *costruire* niente di bello, ma si accontentano (si fa per dire) di *distruggere* quello che di buono fanno gli altri. Sembra che esse godano terribilmente delle sconfitte delle altre persone, siano amici o nemici. Per questo tipo di individuo non è importante realizzare qualcosa di bello, di positivo, di personale. Queste persone non sono motivate a costruire nulla di buono nella vita: **per loro è fondamentale vedere i progetti degli altri fallire miseramente.**

Si alimentano di queste malvagità; sono persone invidiose, che Ti parlano spesso dietro e se lo fanno davanti è solo per criticarti o per dirti: «*Non puoi farcela*». Spesso sono cattive e anche maligne e sanno *mascherarsi* molto bene. Diffida di queste persone e tienile il più possibile lontane da Te. Se conosci persone del genere evita di frequentarle. Se Ti è impossibile allontanarle o non frequentarle perché fanno parte della Tua stessa famiglia (i Tuoi genitori, Tua moglie, Tuo marito ecc.), fai finta di tenere in considerazione quello che dicono e poi ignora i loro consigli. So bene che è difficile, ma se Tu li ascolterai distruggeranno prima i Tuoi sogni e poi la vita.

Mi viene in mente il film che ho visto in televisione alcuni anni fa sulla vita del **Papa Buono**. Se anche Tu hai visto il film, non può esserti sfuggito come, a parte poche persone, la vita di questo Papa sia stata costellata di persone invidiose, pronte a criticare ogni suo operato. Eppure, come lui, anche Tu devi resistere e perseguire la Tua strada. L'esperienza mi ha insegnato che non è facile ma tuttavia è possibile: devi solo provarci. E poi, provarci di nuovo.

Segreto n° 17: al mondo esistono persone che amano parlare male di Te e godono nel distruggere tutti i Tuoi sogni. Molto meglio stare alla larga da queste persone.

Stai pensando che anche la Tua vita è piena di persone così? Ti stai chiedendo che cosa puoi fare per *combatterle*? Che cosa puoi fare per *neutralizzarle*, o comunque, per renderle innocue? Purtroppo non ho pozioni e bacchette magiche da regalarti o da venderti. Posso solo ripetere anche a Te quello che ho scritto, un giorno di molti anni fa, a un amico della mailing list che opera come chirurgo in uno degli ospedali più belli della capitale. Alla sua richiesta di aiuto, in cui mi chiedeva cosa fare con colleghi gelosi del suo bel modo di rapportarsi con i pazienti, ho risposto così:

«Cerca di rimanere sempre Te stesso e continua a credere in quello che fai. Contemporaneamente sii come il bambù, che si flette dolcemente a seconda di come tira il vento ed evita di spezzarsi come la canna. Devi essere elastico nell'accettare anche il punto di vista degli altri, malleabile nel capire quando lo devi fare Tuo e forte per andare avanti quando sei convinto delle tue azioni. È facile essere forti quando tutto va bene: sforzati di esserlo anche quando le cose si complicheranno».

Una piccola storia personale. Ricordo che molto giovane, poco più che ventiquattrenne, decisi di lasciare **Radio In**, l'emittente in cui lavoravo in quel periodo, per intraprendere l'esperienza di libero professionista come consulente. Alcuni mesi prima – come Ti ho già accennato – vendendo pubblicità radiofonica, avevo conosciuto Walter Bernabucci, colui che sarebbe diventato la seconda persona "speciale" della mia vita.

Lo conobbi mentre cercavo di vendere pubblicità a un pub; la sfortuna volle che Walter fosse amico delle proprietarie, così si intromise nella trattativa. Riuscii a vendere loro della pubblicità, ma dovetti fare lo sconto del 15 per cento come diritto di agenzia, quel diritto che ancora oggi viene riconosciuto dai mass media a chi svolge un compito di intermediazione professionale. All'epoca conoscevo poco il mondo delle agenzie pubblicitarie e quel diritto piombò nella mia vita come un macigno: tutto il mio guadagno si era volatilizzato nel riconoscere a Walter (che lo girò al locale sotto forma di sconto) tale diritto.

Non Ti nascondo che all'epoca, se avessi potuto, avrei "strozzato" Walter con le mie stesse mani. Invece, dopo il simpatico anziano del treno, riconobbi in lui il secondo segno del destino. Entrai nelle simpatie di Walter, tanto che mi invitò ad andarlo a trovare a Parma, dove all'epoca svolgeva la professione di **Direttore Creativo della Progetto Pubblicità Associati** (d'ora in avanti **PPA**).

Qui conobbi anche il suo socio Antonio Cellie, un ragazzo molto più giovane di lui, che aveva un bagaglio culturale notevole. Giovanissimo era già laureato e stava prendendo anche la seconda laurea, se non ricordo male al Dams di Bologna. All'interno della PPA Antonio si occupava della strategia di marketing, nonché dell'aspetto commerciale e della supervisione degli Account, cioè gli "uomini contatto" dell'agenzia, incaricati di ricercare e contattare nuovi potenziali clienti a cui proporre il genio creativo di Walter, che, dal canto suo, sfornava campagne pubblicitarie a ripetizione.

Walter e Antonio mi dedicarono molto del loro tempo e ricordo ancora con entusiasmo le volte che accompagnavo Antonio nelle presentazioni dei vari progetti pubblicitari presso grosse aziende nazionali situate in Emilia. Ricordo che Antonio mi diceva: «Tu siediti là, apri bene le orecchie e ascolta. *Non parlare, taci. Devi solo ascoltare e prendere appunti.* Quando abbiamo finito e usciamo dal cliente, puoi farmi tutte le domande del mondo».
Inoltre amava ripetermi: «*Se abbiamo due orecchie e una sola bocca, un motivo deve esserci*». A distanza di anni ho capito il significato di quelle parole: **dobbiamo imparare ad ascoltare di più e parlare di meno.**

Walter mi invitava a non arrendermi mai e mi alimentava con la sua calma e la sua saggezza. Devo molto a Walter come ad Antonio; forse tutto. Mi hanno insegnato molte delle cose che oggi mi permettono di capire e soddisfare un cliente. Mi hanno insegnato la sottile arte delle *Human & Public Relation* e non mi stancherò mai di ringraziarli abbastanza. Saranno per sempre nel mio cuore.

Di loro ho perso le tracce da molti anni, sarebbe bello se casualmente leggessero questo ebook e si mettessero in contatto con me. Conservo ancora gelosamente nel mio studio un libro di fiabe disegnato da Walter, con la sua dedica, e un orologio alto come una persona, in vetro e con la base di marmo, regalatomi personalmente da Antonio. L'esperienza in PPA, seppure breve, fu intensa e mi permise di capire che era arrivato il momento della svolta: tentare l'avventura come consulente.

Nell'ottobre del 1986 avevo già **lasciato la radio e aperto il mio studio** (anche se in pratica stavo ancora imparando il mestiere), adesso mi accingevo a una nuova avventura: fare davvero il consulente; il libero professionista. Fu una delle svolte più importanti della mia vita e da tutte le parti, dai miei genitori, da amici e parenti, mi sentii dire frasi del tipo: «*Adesso cosa ti sei messo in mente di fare; non si lascia un posto fisso per qualcosa che non esiste; non hai carattere e non ce la puoi fare*». Potrei riferirne tante altre, ma lascio a Te l'immaginazione. A essere onesto l'unica persona che non mi disse mai nulla di negativo, e semmai mi invitò a credere in me stesso e andare avanti, fu mia sorella Maria Teresa. Nel frattempo, anche la mia dolce mamma si è ricreduta e quando raramente i giornali parlano di me, mostra con orgoglio alle sue amiche gli articoli. Così è il mondo, così è la vita.

Sono passati ventuno anni da quel lontano ottobre del 1986. Nonostante tutte una serie di disavventure, grazie al Signore, sono ancora qui, con Te. Certo, non è stato tutto semplice e parecchie volte ho dovuto spiccare autentici salti mortali per far quadrare i bilanci, per non parlare poi della gente che continuamente mi remava contro.

Ma se guardo indietro e penso a tutte le cose belle che nel frattempo ho fatto, a tutte le battaglie che nel frattempo ho vinto, a tutte le persone che nel frattempo ho potuto aiutare, sono veramente orgoglioso della scelta che ho fatto più di venti anni fa. E, Te lo dico francamente, la rifarei.

Segreto n° 18: devi essere più forte dell'invidia e della cattiveria umana. Devi crederci fino in fondo, perché saliranno sul Tuo carro solamente dopo che lo avrai portato alla vittoria.

Anche in questo periodo della mia vita esistono dei problemi (il giorno in cui non ne avrò più immagino che starò male) e forte della mia esperienza, mi permetto di dire anche a Te: «*Evita di consentire a qualcuno di metterti a terra*». Lascia criticare, le parole non potranno mai farti alcun male fisico. Le parole, pur essendo forti come schiaffi e pesanti come macigni, non potranno ferirti fisicamente, a meno che Tu non lo consenta, Tu non lo permetta. E Tu, mica lo permetterai, vero? Quindi ascolta i loro consigli, ma poi agisci con la Tua testa. **Agisci sempre e solo con la Tua testa.**

Richard Bandler, uno dei padri fondatori della Programmazione Neuro-Linguistica, ama dire: «*Chi guida l'autobus della Tua mente? Tu o qualcun altro?*» Ricorda, se guidi Tu il Tuo autobus potrai anche sbagliare strada, bucare una gomma e forse potrai anche arrivare in ritardo. Però sono sicuro che arriverai. Sono pronto a scommettere una cena con Te, che se credi ciecamente in quello che stai facendo, prima o poi anche Tu riuscirai a raggiungere gli obiettivi che Ti sei posto. Magari fra un anno, oppure tra due o anche tra cinque. Ma sono certo che anche Tu puoi farcela.

Segreto n° 19: non è importante quello che pensano e credono gli altri di Te, bensì quello che Tu credi di Te stesso.

Esercizio

Ogni volta che qualcuno parla male di Te o scoraggia una Tua iniziativa, sforzati di prendere carta e penna e comincia a mettere per iscritto, nero su bianco, almeno due motivi per cui dovresti volerti bene e due motivi per i quali vale la pena portare avanti la Tua iniziativa. Mentre li scrivi accadrà una cosa miracolosa: **si rafforzeranno nella Tua mente.**

Evita di pensare che Tu non hai motivi per volerti bene, cerca dentro di Te, accanto, davanti e dietro. Prendi in considerazione anche le cose più semplici, più banali. Spesso, aiutano una persona a superare dei momenti difficili. Comincia con lo scrivere due semplici motivi per volerti bene:

Motivo n° 1. __________________________________

____

____

____

Motivo n° 2. __________________________________

____

____

____

Adesso elenca due motivi per i quali dovresti portare avanti la Tua idea. Sii prodigo di dettagli, di particolari, sviluppali e descrivili attraverso i cinque sensi; più entri nei particolari e più le motivazioni diventano forti dentro di Te. Più diventano forti e più acquisisci la consapevolezza che ti aiuterà ad agire e a contrastare la malinconia. Con questo esercizio permetterai al Tuo cervello di creare il *focus* sulle Tue motivazioni e non sulle critiche.

Motivo n° 1. ______________________________________

____

____

____

____

____

____

____

Motivo n° 2. ______________________________________

____

____

____

____

____

____

____

RIEPILOGO DEL CAPITOLO 4:

• SEGRETO n° 17: al mondo esistono persone che amano parlare male di Te e godono nel distruggere tutti i Tuoi sogni. Molto meglio stare alla larga da queste persone.

• SEGRETO n° 18: devi essere più forte dell'invidia e della cattiveria umana. Devi crederci fino in fondo, perché saliranno sul Tuo carro solamente dopo che lo avrai portato alla vittoria.

• SEGRETO n° 19: non è importante quello che pensano e credono gli altri di Te, bensì quello che Tu credi di Te stesso.

Giorno 5

Accresci l'autostima amandoti di più

Ti sei mai fermato un istante a riflettere e a chiederti cosa pensi di Te? Ti sei mai domandato se Ti piaci? Non se Ti piaci sotto il profilo fisico, ma dal punto di vista del carattere, per quello che sei come uomo o come donna. Ti sei mai chiesto se sei soddisfatto delle cose che hai fatto, dei risultati che hai ottenuto e della vita che Ti sei scelto? Lo hai mai fatto? Io lo faccio spesso: almeno una volta al mese. Mi chiudo nel mio studio e penso a tutte le cose belle o brutte che ho fatto nel periodo trascorso, a quelle che non sono riuscito a fare e a quelle che ancora vorrei fare. Penso a come sono e penso a come posso migliorare. Perché ricorda: **si può sempre migliorare.**

Ogni volta, alla fine, mi accorgo dei molti errori, che potevo fare meglio e di più. Prendo piena consapevolezza dei miei limiti e, nonostante le critiche, continuo ad avere una buona immagine di me stesso. **Continuo ad amarmi, a volermi bene.** Per carità, evita di fraintendermi, sono l'esatto contrario di un irresponsabile che amandosi alla pazzia ha gli occhi foderati del suo ego e si guarda ripetutamente allo specchio. Sono molto critico verso me stesso, ascolto gli altri e riconosco spesso (non sempre, altrimenti sarei perfetto) i miei errori. Ma cosa ci posso fare: **ho un'alta opinione di me, come essere umano. Insomma: mi piaccio e mi amo.**

Qualcuno potrebbe scambiare tutto questo con i segnali caratteriali tipici di un presuntuoso, di un arrogante, qualcun altro invece penserebbe semplicemente che ho un *livello di autostima molto alto.* Credimi, sono tutto tranne che superbo e arrogante. **Semplicemente ho un'autostima molto forte,** la stessa che mi ha permesso di superare i momenti negativi della mia vita.

Ma che **cos'è l'autostima** di una persona? Uso una metafora per darti la mia personale definizione di autostima: *è una freccia che ognuno di noi segue.* Questa freccia può andare verso l'alto o verso il basso. Se va verso l'alto, l'autostima di una persona cresce, se va verso il basso, l'autostima cala, sino a dissolversi nel nulla. Di sicuro tutti noi abbiamo la nostra personalissima freccia, anche Tu.

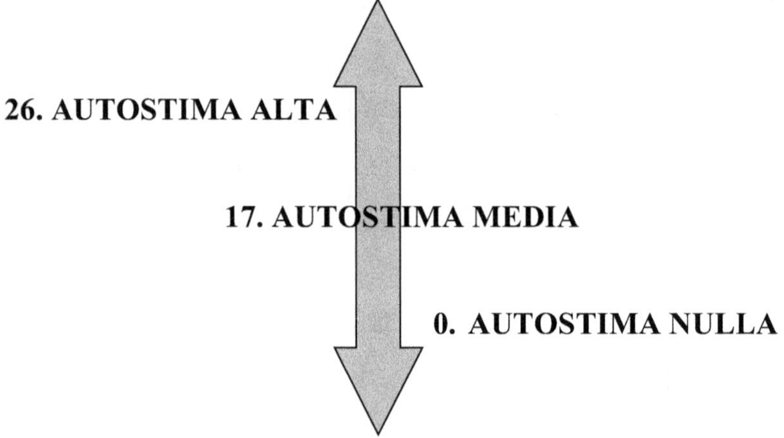

La freccia si muove attraverso una scala di valori che può andare da 26 a 18 (il che equivale a un'autostima molto alta o comunque buona), da 17 a 10 (autostima media), sino a valori compresi tra 9 e 1 (autostima molto bassa). Il valore 0 indica un'autostima nulla.

Solitamente **chi ha un'autostima molto alta** (da non confondere con la superbia) **tende ad eccellere nella vita**; gli esempi sono talmente tanti che non basterebbe un libro per citarli. È consapevole delle sue capacità, pensa sicuramente in positivo e non ha paura di sbagliare e, soprattutto, crede in se stesso e in quello che fa. Di contro, chi ha un'autostima molto bassa è spesso convinto di non valere nulla, di non avere opportunità, o, peggio, di non meritarsele. Crede di essere una persona insignificante, di non interessare a nessuno. Questa persona, che ha scarsa fiducia nelle proprie capacità, finirà per vedere le cose in modo negativo e, quindi per fallire con estrema facilità. È come se attirasse verso di sé le cose negative che gli accadono.

Segreto n° 20: chi ha un'autostima molto alta alimenta continuamente se stesso e le sue credenze. Ogni volta che le sue credenze si rafforzano, alimenta la sua autostima, generando un circolo virtuoso.

Esercizio

Misura la Tua attuale autostima. Rispondi alle tredici domande che seguono con molta onestà: sii sincero con Te stesso! Pur essendo un gioco, evita di barare, perché non servirebbe a nulla. Datti **due punti** se la risposta è **SI/SEMPRE, un punto** se è **ABBASTANZA** e **zero punti** se la risposta è **PER NIENTE/NO.**

1. Ti piaci per quello che sei?

2. Sei soddisfatto della Tua vita?

3. Sei capace di apprezzarla per quello che è?

4. Pensi che il riuscire nella vita dipenda da Te?

5. Metti grinta e determinazione nel fare le cose?

6. Pensi in positivo?

7. Credi in Te stesso e in quello che fai?

8. Sei costante nelle scelte e nelle decisioni?

9. Ami stare in mezzo alla gente?

10. Sei una persona che agisce nella vita?

11. Hai fiducia nelle Tue capacità?

12. Hai fiducia nelle altre persone?

13. Affronti i problemi quando Ti si presentano davanti?

Risposte:

• se hai totalizzato tra i 26 e i 18 punti, la Tua Autostima è tra l'ottimo e il buono. Continua a mantenerla a questi livelli, presto Ti toglierai grandi soddisfazioni;

- se hai totalizzato tra i 17 ed i 10 punti, la Tua Autostima è media. Devi lavorare su di Te per aumentarla, giorno dopo giorno, con costanza;

- se hai totalizzato da 9 a 0 punti, la Tua Autostima è decisamente bassa. Hai assoluto bisogno di cominciare subito a nutrire la Tua mente di pensieri positivi e a lavorare su di Te per aumentare la Tua Autostima e portarla a livelli accettabili.

Se svolgerai il questionario con onestà **riuscirai a capire quali sono le Tue aree deboli e potrai intervenire** su di esse rafforzandole. Facciamo un esempio: se al termine viene fuori che hai qualche problema nello stare in mezzo alla gente e nell'aver fiducia nelle altre persone, è fuori dubbio che è su questa area che devi lavorare. Senza andare allo sbaraglio, un banale consiglio potrebbe essere quello di cominciare a uscire di più e frequentare nuove persone. Potrebbe essere un'idea saggia iscriversi a un corso di danza, a uno di recitazione, oppure in palestra ecc.

Ora permettimi di farti notare che non ho mai affermato che chi ha un'autostima molto alta è per forza un vincente. Le variabili che entrano in gioco sono talmente tante che a volte non basta la sola forza che abbiamo dentro di noi. Anche se concorderai con me che le probabilità che una persona ha di diventare un "vincente" (a questa parola daremo più avanti il giusto significato) aumentano sensibilmente nel caso in cui questa stessa persona creda in se stessa e abbia fiducia delle proprie risorse, insomma: **abbia un po' di sana autostima.**

Voglio anche farti capire che chi ha una buona autostima supera molto più facilmente i problemi che incontra sul suo cammino, semplicemente perché è portato a vedere le cose in maniera diversa, in maniera positiva. Una persona così ha fiducia nelle sue capacità e pensa alla soluzione del problema, non a farsi "cavalcare" dallo stesso, inoltre evita di mettere il suo *focus* sul problema.

Viceversa, chi ha un'autostima bassa, debole, è sostanzialmente insicuro e spesso preferisce non esporsi e non fare le cose. Ossia: non assumersi le proprie responsabilità per paura di sbagliare. Solitamente una persona di questo genere compie due tipi di azione:

1. sfugge davanti ai problemi, rimandando continuamente la possibilità di affrontarli, o fa finta di non vederli, peggiorando così la situazione;

2. se li affronta si concentra solo sul problema, alimentandosi dello stesso e impedendo di fatto al suo cervello di cercare una possibile soluzione.

Segreto n° 21: avere una buona Autostima Ti permette più facilmente di concentrarti sulla soluzione, anziché sul problema. Concentrarsi sulla soluzione significa spesso trovarne almeno una.

Cosa significa la parola "vincente"? Ognuno di noi ha una sua personale interpretazione di questo termine. Ciò è dovuto alla *mappa del mondo* delle persone, ovvero **a come le persone interpretano se stesse e tutto quello che gli accade e gira intorno.** Facciamo un esempio: personalmente mi considero un vincente perché faccio un lavoro che mi piace, mi permette di stare in mezzo alla gente e di aiutarla a risolvere i propri problemi. Aggiungici pure che sono pagato per fare un lavoro che mi piace, che mi diverte e che genera piena soddisfazione. Credo sia il massimo nella vita (naturalmente *per la mia mappa del mondo*).

Adesso veniamo a Te. Potresti sentirti un vincente per una serie infinita di motivazioni, anche per delle cose che per me potrebbero essere banali (e viceversa). Per esempio:

- perché fai un lavoro che Ti piace;
- perché hai scelto Tu il lavoro che fai;
- perché aiuti le persone più deboli di Te;
- perché guadagni un sacco di soldi;
- perché sei ricco e famoso;
- perché sei riuscito a esaudire il sogno della Tua vita;
- perché sei un grande venditore;
- perché giri il mondo e conosci le lingue;
- perché sei un insegnante e aiuti i ragazzi a migliorare la loro cultura e la loro vita;
- perché hai una bella macchina o una bella casa;
- perché fai ciò in cui credi;
- perché Ti senti utile;

- perché sei apprezzato e rispettato dagli altri;
- perché in quello che fai sei il migliore;
- perché qualsiasi cosa Tu faccia, la fai con passione;
- per qualsiasi altro motivo.

Possiamo continuare l'elenco all'infinito. Ti rendi conto che ognuno di noi può essere vincente a modo suo? Quindi associa pure alla parola "vincente" la Tua personalissima interpretazione e comincia a lavorarci. Questo ti aiuterà a sentirti presto, molto presto, un vincente. Quello che è importante è che la Tua interpretazione abbia **SEMPRE due prerogative: che Ti porti verso un obiettivo e che sia positiva,** che si orienti cioè verso il costruire qualcosa e non distruggere.

Segreto n° 22: un vincente è una persona che costruisce qualcosa per sé e per gli altri, rispettando sempre i diritti di tutti. Puoi fare tutti i soldi del mondo, ma non sarai mai un vero vincente se per farli avrai calpestato qualcuno.

Come si forma questa benedetta autostima? A mio modo di vedere, l'autostima è l'insieme delle esperienze dirette e indirette di una persona: delle sue credenze positive e negative, del suo modo di pensare, dei suoi giudizi e pregiudizi, dei suoi valori ecc. Nient'altro che la famosa *mappa del mondo*. È nuovamente il Tuo cervello, con tutte le varie esperienze "filtrate" dai cinque sensi, che alla fine decide per Te. È lui che decide se sei (o diventerai) un vincente o un perdente in base a tutte le informazioni che con il passare degli anni ha filtrato, immagazzinato ed elaborato con la Tua personalissima griglia multisensoriale. È lui che Ti dice se sei capace o meno di fare una certa cosa, se puoi intraprendere o no una nuova iniziativa. Ed è sempre lui che Ti impedisce di fare un passo importante per la Tua vita privata o per la Tua carriera professionale, perché nella Tua raffigurazione mentale quel passo lo hai già sbagliato o, comunque, è destinato a fallire.

Mi dispiace dirtelo, mettila pure come vuoi, rimane sempre e comunque il Tuo cervello che comanda, non Tu.

Tutte queste *informazioni* al Tuo cervello, come sono arrivate? Attraverso le varie *esperienze soggettive* che facciamo sin da bambini – *che*, ricorda, *filtriamo attraverso* i nostri cinque sensi: **vista, udito, tatto, gusto e olfatto** (aggiungerei che molte donne hanno il famoso "sesto senso") –; siamo dunque in un certo modo condizionati dalla famiglia di origine e poi, mano a mano che cresciamo, dalla scuola, dal lavoro e dalla vita sociale (gli amori, gli amici, la famiglia che creiamo). **L'autostima**, alta o bassa che sia, **comincia** dunque **a crearsi sin dai primi giorni della nostra vita**, perché la famiglia gioca un grosso ruolo nel sistema informativo, nonché educativo, della persona e quindi influisce sensibilmente sulle credenze e sui valori che questa persona "costruirà" con il passare degli anni.

Credo fermamente che uno dei doveri più importanti di un buon genitore sia di aiutare i propri figli a crescere nella fiducia, con la consapevolezza di potercela fare. Sin da piccoli i bambini devono essere educati all'autostima; devono imparare a volersi bene, a pensare in positivo, a credere di potercela fare, a credere in se stessi e nelle proprie capacità e, se mi è permesso, a credere anche un po' negli altri.

Naturalmente bisogna essere coscienti del fatto che la vita non è tutta rose e fiori, anzi, è difficile; quindi vi potranno anche essere dei problemi; è però altrettanto vero, come dimostra la storia dell'uomo, che ogni problema può essere superato.

Invece mi rendo sempre più conto di come molti genitori scarichino sui figli le proprie frustrazioni, le proprie insoddisfazioni, contribuendo, di fatto, a renderli più deboli e più insicuri. Molti bambini e ragazzi vivono le prime sconfitte proprio in famiglia, dove vengono derisi e demotivati. Come potrà formarsi la loro autostima? E, soprattutto, che valori potranno mai avere, se le persone deputate a proteggerli si rivelano le prime a *non credere* in loro?

Dopo la famiglia, la scuola è il luogo più importante in cui i nostri figli crescono e maturano, fino a diventare adulti. Pertanto mi rivolgo anche agli insegnanti delle elementari, delle scuole medie e degli istituti superiori, senza tralasciare naturalmente i professori universitari. Queste persone hanno un ruolo delicato, molto importante, impegnativo. Oltre ai fondamentali della cultura, oltre a trasmettere il sapere, consiglierei loro di aiutare i ragazzi a *crescere caratterialmente.*

I giovani hanno bisogno di dialogo, di essere ascoltati, motivati, incitati e persino capiti. Se sbagliano devono essere ripresi, magari puniti, senza però essere colpevolizzati (ho scritto un articolo su come un docente possa migliorare l'apprendimento dei ragazzi e aiutarli a formare la loro autostima; lo trovi in fondo a questo capitolo).

Mi hanno sempre detto che *«sbagliare è umano»* e ho scoperto, con l'esperienza, che **chi non sbaglia mai è perché agisce poco o nulla**. Lo stesso apprendimento si poggia sull'errore: **non è infatti possibile apprendere senza mai sbagliare.** Personalmente non conosco una sola persona, neppure i grandi vincenti della storia, che non abbia sbagliato almeno una volta nel corso della propria vita.

Leggi le biografie delle grandi donne e dei grandi uomini che hanno rivoluzionato il mondo. Quanti errori ha commesso **Thomas Alva Edison** prima di inventare la lampadina? E dimmi, quanti errori pensi che abbia compiuto **Henry Ford** prima di diventare il mito dell'auto americana? E cosa pensi che abbia fatto **Steve Jobs** prima di fondare la Apple? E quanti errori pensi che abbia commesso **Rita Levi Montalcini** prima di diventare un premio Nobel? Insomma, sbagliano i grandi, sbagliano i vincenti della storia, e non è possibile per un bambino o per un adolescente sbagliare a scuola? Il luogo deputato all'apprendimento…

È paradossale, ma secondo me, nella scuola italiana non si insegna abbastanza a "sbagliare". Svolgo la mi attività in molti istituti superiori e posso garantirti che **tanti ragazzi vivono con la paura dell'errore**. Evitano di farsi interrogare come volontari, di intervenire nelle discussioni, questo perché sanno che qualcuno li giudicherà. Invece vorrei ricordarti che la crescita dell'autostima – e così quella del sapere – passa anche attraverso l'errore.

Il compito di un buon insegnante è quello di **saper dare all'errore il giusto peso**, senza sminuire, ma anche senza colpevolizzare. Un buon insegnante dovrebbe motivare i ragazzi a *commettere errori* perché possano imparare; dovrebbe analizzarli nel dettaglio, in modo da far capire che l'errore è solo un processo di apprendimento e che nella vita **sbagliare è umano**. Solo così il docente contribuirà a creare e far crescere fiducia; a creare e far crescere autostima.

Come formatore la cosa che mi preoccupa di più è che nella scuola italiana manca la fiducia: manca la fiducia da parte dei docenti nei ragazzi e manca la fiducia da parte dei ragazzi nel corpo docente. E come dice **Robert Kiyosaki** «*La mancanza di fiducia è il peggior nemico del genio personale*».

Sapessi quante volte ho sbagliato io. Ma **sbagliare permette alla persona di accrescere le sue conoscenze**. Dall'errore si apprende infatti l'antidoto per non sbagliare la volta successiva, o comunque per ridurre l'entità dell'errore. Naturalmente, se errare è umano, perseverare è diabolico. Ecco: insegniamo ai nostri ragazzi ad aver fiducia nelle proprie capacità e aiutiamoli a evitare di perseverare nei loro errori.

Segreto n° 23: la famiglia e la scuola sono i primi luoghi in cui si forma l'Autostima. Da genitore prima e da formatore poi, affermo che dobbiamo sforzarci di trasmettere, ai nostri figli e

ai nostri ragazzi, valori e credenze positive sin dai primi giorni della loro vita.

Ogni volta che termino un corso di formazione o un seminario, la maggior parte dei partecipanti mi dice che ha apprezzato soprattutto l'entusiasmo e la passione che metto nel trasmettere le mie esperienze. Questo è ciò che resta più impresso alle persone. Non le mie competenze professionali o la mia capacità di comunicare e di relazionarmi con gli altri. Colpisce soprattutto il mio modo di *trasmettere le idee*: con **entusiasmo e passione**. A fine seminario la gente mi dice: «Si vede che credi nelle cose che dici. Si vede che ci metti passione in quello che fai». La stessa cosa dovrà succedere anche a Te. **Aumenta la Tua autostima con le leve dell'entusiasmo e della passione.** L'entusiasmo e la passione sono contagiosi, si propagano tra le persone come una vera e propria epidemia. Un'epidemia positiva.

Mettili in ogni cosa che fai e vedrai che accadranno due piccoli miracoli:

1. per la *Legge di Attrazione,* quando Tu usi passione ed entusiasmo nelle cose che fai e nei rapporti con le altre persone, ricevi indietro passione ed entusiasmo a volontà. Si innesta un meccanismo che si autoalimenta continuamente;

2. più cresce la passione e l'entusiasmo dentro di Te, più prende forza, vigore e aumenta la Tua autostima.

L'esperienza di oltre vent'anni di attività professionale mi porta ad affermare, senza paura di essere smentito, che l'entusiasmo e la passione Ti aiuteranno a vincere molte delle prove della Tua vita. Ti aiuteranno a superare incertezze e momenti negativi. Ti permetteranno di ottenere un maggior successo nel lavoro, negli affari e di aumentare persino il Tuo reddito. Inoltre, Ti permetteranno anche di avere una vita sociale migliore, più felice.

Perché quando metti passione ed entusiasmo nelle cose, cominci a vederle da un'angolazione diversa, positiva, e, soprattutto, cominci a "vedere" le tante cose belle che la vita Ti regala.

Agisci mettendo passione ed entusiasmo. Cerca di essere entusiasta e passionale in ogni cosa che fai, in ogni iniziativa che intraprendi, in ogni momento della giornata. Sii entusiasta e passionale in famiglia, sul lavoro, con gli amici, e paradossalmente, anche con Te stesso. Alzati entusiasta delle cose che puoi realizzare durante il giorno. Metti passione nel farle.

Cerca di essere sempre entusiasta e passionale. Mai stancarti, mai arrenderti. Neppure di fronte agli insuccessi. Neppure quando le cose non vanno come Tu vorresti. Neppure di fronte ai problemi che, purtroppo, potrebbero essere tanti. *Sforzati di usare le leve dell'entusiasmo e della passione,* **sempre,** tutti i giorni, e nel giro di poco tempo la Tua Autostima crescerà, raggiungendo risultati sorprendenti.

Segreto n° 24: per aumentare la Tua Autostima usa tutti i giorni le LEVE dell'entusiasmo e della passione.

Dunque, l'autostima di una persona è data dall'insieme diretto (il suo modo di filtrare le informazioni attraverso i cinque sensi) e indiretto (le informazioni trasmesse dagli altri: casa, scuola, lavoro, amori, amici ecc.) **delle sue credenze, dei suoi valori e dei suoi pensieri, raccolti nel corso della vita.**

La mia ricetta per accrescere l'autostima? Semplice, molto semplice: **riscopri il piacere di amarti, di volerti bene, anche quando commetti degli sbagli.** Ricorda che sbagliare è umano ed è praticamente impossibile non farlo. Devi volerti bene per quello che sei, magari sforzandoti di migliorare. Devi cominciare ad apprezzarti di più e smettere di aver paura di non farcela. Se vuoi che il mondo intorno a Te cambi, smettila di lamentarti e comincia ad agire. Fallo con entusiasmo. Fallo con passione. Giorno dopo giorno, goccia di autostima dopo goccia di autostima. Provaci! Comincia ora.

Il grande filosofo romano **Seneca** diceva: «*Se sei un uomo, ammira coloro che tentano grandi cose anche se poi falliscono*». Lui non aveva paura di fallire e la sua Autostima aveva la **A** maiuscola. Mi chiedevo se cominci a renderti conto che anche la Tua autostima può crescere. Scommettiamo che se provi a rifare il test di pagina 132 la Tua autostima è cresciuta di almeno 3 punti?

Guidare i ragazzi a creare Autostima sin dai banchi di scuola è possibile? La mia risposta è SI. Da molti anni sostengo, sia come formatore sia come Personal Coach, che l'insegnante del futuro deve evolvere i suoi metodi formativi, senza limitarsi a *trasferire semplice know-how*, solo normali conoscenze, come un automa.

Gli insegnanti hanno un ruolo delicato, molto importante, impegnativo (anche se nella scuola italiana è scarsamente riconosciuto e pagato): possono e devono trasferire il sapere coinvolgendo i ragazzi, motivandoli con il loro atteggiamento propositivo e passionale (ecco che torna prepotentemente la passione). A mio modesto avviso, oltre ai fondamentali della cultura, oltre a trasmettere il sapere, i docenti devono aiutare i loro ragazzi *a crescere caratterialmente*. I giovani hanno bisogno di dialogo, di essere ascoltati, motivati, incitati e persino capiti.

Per crescere, i ragazzi hanno bisogno di insegnanti capaci di coinvolgerli emotivamente. Di insegnanti che comunichino sia i contenuti culturali sia, e soprattutto, *valori e credenze positive*; che siano capaci di aiutarli a credere in se stessi, passo dopo passo, e ad avviare così quel processo fantastico di crescita dell'autostima di cui hanno assolutamente bisogno.

Anziché limitarsi a trasferire solo sapere, i docenti "evoluti" – come amo definirli – dovrebbero *interagire* continuamente con i loro studenti, ad esempio guardandoli spesso negli occhi quando parlano di sé o dei loro problemi, dare loro la giusta attenzione e incitarli a partecipare al dialogo. Dovrebbero smetterla di interromperli sempre o di parlare sopra le loro voci; ascoltarli significa rispettare anche il loro punto di vista, dargli l'opportunità di essere coinvolti.

I docenti dovrebbero mostrare un **linguaggio del corpo con posture aperte**, volte a mettere a proprio agio gli studenti; quindi dovrebbero imparare a sorridere un po' di più sin dal loro ingresso in aula, lasciando "fuori dalla porta" i loro problemi personali (molti professori, invece, sono di pessimo umore prima ancora di entrare in classe), oppure dovrebbero muoversi tra i ragazzi anziché stare sempre dietro alla cattedra, questo li aiuterebbe a percepire l'insegnante come *"uno di loro"*.

Dovrebbero scendere dal piedistallo del loro titolo ed essere **più semplici, più umili, più consapevoli del proprio ruolo** e della propria cultura. Dovrebbero essere maggiormente a portata dei ragazzi; solo così questi eviterebbero di avere la sensazione di trovarsi di fronte a delle persone troppo indaffarate, quasi *irraggiungibili*, o, come ha descritto molto bene una laureanda anni fa, mentre le davo qualche consiglio sulla sua tesina, «*troppo impegnate ad ascoltare se stesse*».

Dovrebbero sottolineare i propri discorsi con la mimica facciale, la postura e l'uso delle mani, o enfatizzarli in certi punti modificando il tono di voce, usando tonalità diverse; la voce monocorde dà infatti la sensazione di avere di fronte una persona poco interessata alla materia che sta spiegando, poco interessata a trasferire sapere (e, mi dispiace dirlo, in molti casi è proprio così).

Dovrebbero evitare di leggere il libro o tenere la classica lezione spiegando l'argomento senza alcun coinvolgimento emotivo, in maniera quasi "glaciale"; bisognerebbe invece condirlo con le proprie esperienze e porre domande aperte, in modo da coinvolgere i ragazzi e interagire sempre più spesso con loro. Con malizia mi viene da pensare che forse molti docenti, insegnanti e professori, sono privi di passione perché a loro volta sono privi di autostima.

Mi chiedo, tra l'altro, come possa un ragazzo **acquisire autostima**, fiducia e consapevolezza di sé, quando ha come **esempio** una persona che legge il giornale in aula, che risponde al telefonino pur sapendo che è vietato (però si arrabbia se lo fanno i ragazzi), che parla di politica anziché insegnare cultura e così via. Purtroppo è la mediocrità della scuola italiana. Basta andare in una qualsiasi scuola e domandare ai ragazzi. Io l'ho fatto: mi hanno raccontato questo e altro.

Sono convinto che gli insegnanti potrebbero giustificarsi dicendo che il loro compito è quello di trasferire "sapere" e che comunque sono pagati poco e male per metterci anche passione. Mi dispiace, pur rispettando il loro punto di vista, non sono assolutamente in sintonia con loro. **Il sapere da solo non basta; bisogna creare valori e credenze positive** nei ragazzi.

Il sapere serve nel momento in cui abbiamo l'autostima necessaria che ci permette di metterlo in pratica e di farlo diventare prima *"saper fare"* e in seguito *"saper essere"*. Per quanto riguarda l'aspetto economico, pur concordando sul fatto che gli insegnati sono pagati poco e male, mi chiedo come mai esistono (**fortunatamente**) molti insegnanti, docenti e professori universitari che quando insegnano ci mettono passione, motivano i ragazzi ad andare avanti, danno loro un punto di riferimento e li aiutano ad accrescere la loro autostima. Che differenza c'è rispetto ai loro colleghi che non hanno voglia di far nulla? **Forse queste persone fanno solo dignitosamente il loro lavoro, indipendentemente da quanto guadagnano: insegnano.**

A tutti questi insegnanti, docenti e professori giunga il mio plauso e il mio umile ringraziamento. Continuate a farlo, continuate a insegnare con passione.

Faccio il formatore da molti anni, trasferisco *sapere* e comunico costantemente con chi ho davanti (a volte mi riesce di più, a volte di meno) e soprattutto ci metto sempre tanta passione, perché credo in quello che faccio. Spesso mi dispiace che i ragazzi delle scuole superiori, per i quali ho il piacere di insegnare nella Terza Area (un'area professionalizzante), mi facciano notare la differenza tra il mio modo di fare lezione e quello di chi mi ha preceduto.

A volte mi viene da pensare che dovrei gioire di queste "differenze", poi, riflettendo mi domando: *cosa sarebbero in grado di trasmettere la Scuola o l'Università se disponessero di docenti e professori in grado di applicare le banali e semplici regole che ho descritto nelle pagine passate?* Non mi considero certamente il migliore, però nel mio piccolo le cose che ho citato le applico costantemente e avrei da suggerire ancora moltissimi consigli. Tuttavia no ho la presunzione di sostenere che tutti i problemi che esistono nel mondo della scuola possano essere risolti grazie a un comportamento del genere.

Sono però fermamente convinto che un insegnante, che oltre a trasmettere il sapere lo facesse con passione, che riuscisse a valorizzare i suoi ragazzi, arriverebbe a influenzare positivamente il loro rendimento scolastico e a gettare le basi per creare una sana autostima nei suoi allievi. Ripeto: **una sana autostima nei suoi allievi.**

Credo che la crisi che assale il mondo della scuola sia dovuta al fatto che molti docenti *conoscono in maniera divina (o quasi) la loro materia*; così incontrano non poche **difficoltà a trasmetterla** ai ragazzi, **a farsi capire**, a motivarli allo studio. Questi professori sono stati preparati molto bene dal punto di vista delle *competenze*; purtroppo una buona parte di loro, pecca sia nella capacità di trasferire le proprie conoscenze, sia nel motivare gli allievi; chi esercita questo mestiere con professionalità sa bene che per uno che "vende cultura" queste capacità sono fondamentali.

Forse è solo la mia personale interpretazione, ad ogni modo, dopo le riforme già messe in atto dai due governi di centro-destra e centro-sinistra, bisognerebbe fare anche un altro tipo di riforma: formare i futuri insegnanti, docenti e professori, affinché, oltre a trasferire contenuti, *riescano anche a trasmettere ideali, obiettivi, testimoniare valori, trasmettere emozioni, motivazioni,* **in poche parole: riescano a creare autostima.**

Sarebbe una rivoluzione culturale; forse la mia è solo un'idea utopica e come tale resterà sulla carta. Il fatto è che sogno una scuola in cui gli insegnanti trasferiscano il sapere col sorriso sulle labbra; in cui accanto alla matematica, la storia, il latino, l'inglese ecc, ci sia spazio per insegnare ad ascoltare, a comunicare, a capire gli altri, a rafforzare le credenze positive, a creare fiducia in se stessi e anche negli altri, nonché a far crescere l'autostima. Insomma, sogno una scuola capace di **creare persone complete.**

Immagino insegnanti e professori come **Robin Williams** nell'*Attimo Fuggente,* capaci di comunicare con i ragazzi, ascoltarli e trasferire valori. Continuo a sognare una scuola in cui si smetta di costringere i ragazzi a studiare una materia con l'autorità e si cerchi di motivarli a studiarla perché coinvolti e ammaliati dalla passione dello stesso insegnante, e, credimi, **la passione nei ragazzi viene dopo aver visto un buon esempio.**

A tal proposito permettimi di smontare un luogo comune: che i ragazzi di oggi non hanno voglia di studiare. Forse per alcuni è così; però mi devi spiegare: come può un ragazzo essere stimolato allo studio se l'insegnante di turno si limita a spiegargli la sua materia con freddezza, senza passione e senza far provare emozioni? Come può un ragazzo aver voglia di studiare se il suo insegnante non riesce a dare un senso allo studio, alla cultura e alla materia che insegna? Come vede lo studente questo professore? Posso dirtelo io?! Semplice: se intuisce che dall'altra parte non c'è nessun tipo di coinvolgimento, non farà assolutamente nulla per imparare la materia, né con le buone, né con le cattive. Pertanto, anche punirlo risulterà inutile.

Parlo spesso con ragazzi dai diciassette ai ventidue anni e posso garantirti che molti di loro aspettano solamente di essere coinvolti, ascoltati, motivati e guidati.

E gli altri? Quelli che invece non hanno voglia di far nulla? Mi è rimasta impressa una frase di **Don Lorenzo Milani** – che ho letto nella splendida tesina che ha scritto una giovane studentessa, tale **Enrica Costa**, dal titolo *La comunicazione nell'insegnamento a scuola*–: «**Agli svogliati basta dare uno scopo**». Se sei un insegnante, fermati un istante a riflettere: quali sono le motivazioni, gli obiettivi e gli ideali che offri oggi ai Tuoi studenti? Che scopo stai trasferendo loro?

Tu sai bene che uno dei problemi tipici dell'Istruzione in Italia è che *molti professori sono ben preparati professionalmente, conoscono la materia come le loro tasche, ma pochi sanno comunicare, e ancor meno sono quelli che sanno veramente coinvolgere e motivare i ragazzi.* Immagina per un istante se il mio sogno si avverasse: quali e quanti benefici ne potrebbero scaturire, sia per i ragazzi, che risulterebbero più motivati e coinvolti, sia per gli stessi docenti, che sarebbero facilitati nel loro compito di formatori e ne risulterebbero più gratificati?! Mentre continuo a sognare, lascio socchiusa una porta: chissà se da qualche parte, nel mondo della Scuola e dell'Università, esiste qualcuno disposto a condividere il mio sogno.

Esercizio

Per **accrescere l'autostima o crearla da zero**, ripetiti tutte le sere questo mantra prima di addormentarti. Abbi fede e ripetilo anche dopo una giornata decisamente da dimenticare. Ricordati che è importante ringraziare alla fine di ogni giornata. Rivolgiti a un'entità superiore: l'Universo, Te stesso, la Forza ecc.

L'ideale sarebbe registrare il mantra con la Tua voce e utilizzare il file audio su un lettore mp3 (puoi anche registralo utilizzando i supporti tradizionali), mettere l'**auricolare nell'orecchio sinistro** (che corrisponde all'emisfero destro) a volume minimo, quasi impercettibile, e addormentarsi con il mantra. Durante la notte il cervello lavorerà per Te e queste informazioni si trasferiranno nella Tua memoria e, soprattutto, nel Tuo inconscio. Ascolta la registrazione per almeno *ventuno giorni di seguito*, poi fai una breve pausa di tre/quattro giorni e ricomincia. Ricorda che, come in tutte le cose, per giungere a un risultato bisogna lavorare con costanza e ripetizione. Il Tuo cervello ha bisogno di sentirsi ripetere, tutti i giorni, che può farcela. Vedrai che dopo un po' Ti accadrà una cosa meravigliosa: **comincerai a sentir crescere dentro di Te la fiducia.**

Meglio fare la registrazione del mantra almeno tre volte di seguito. Tra un mantra e l'altro, lascia qualche secondo di silenzio.

«Sto per addormentarmi [entità] e sono pienamente consapevole che durante la notte il mio inconscio lavorerà per me e mi aiuterà

a far crescere la mia autostima. Mi piaccio per quello che sono e con il Tuo aiuto [entità] riuscirò sempre più a migliorarmi, sino a diventare più sicuro, più deciso e più ottimista. I miei pensieri sono positivi e il sonno mi renderà più consapevole delle mie capacità. Domani mattina mi aspetta un'altra bellissima giornata. Grazie per tutto ciò che di bello mi hai dato anche oggi».

Un altro fantastico modo per far crescere l'autostima è imparare a sorridere. Ho scritto sull'importanza del sorriso sin dall'inizio della mia "avventura" come allievo scrittore, nel lontano settembre 2001. Inserisco volentieri l'argomento in questo capitolo perché credo sia fondamentale, anche per Te, capire quanto sia importante imparare a sorridere.

Chissà perché molte persone non sorridono mai o in ogni modo, se lo fanno, accade in maniera così limitata nel corso della loro giornata da farlo sembrare quasi *un evento*. Queste persone sono perennemente rabbuiate, insoddisfatte al massimo della propria esistenza. Eppure è risaputo che a sorridere si *spendono* meno energie che ad essere arrabbiati. **Il sorriso "parla"**, dice più di mille parole: **mi piaci, sono contento di vederti o di conoscerti!**

Pensa ai bambini: quando vedono il loro papà o la loro mamma impazziscono dalla gioia, sfoderano uno di quei sorrisi che ti fanno tremare il cuore; come si fa a non volergli bene?! So per esperienza che la gente che sorride tende a cavarsela meglio, a lavorare meglio, a insegnare meglio, a vendere meglio, a farsi accettare meglio, nonché a farsi seguire (dalle altre persone) meglio. C'è molta più comunicatività in un sorriso che in una minaccia. Perché *l'incoraggiamento è un sistema educativo mille volte più efficace della repressione*. Ricordati: **l'effetto del sorriso è potente.**

Segreto n° 25: l'effetto del sorriso è potente e apre il cuore delle persone.

Oggi, con sei anni di esperienza sulle spalle, sono ancor più convinto di quanto sia importante sorridere, di quanto il sorriso determini la capacità o meno di interagire con le altre persone, di entrare in empatia. Nei miei seminari mi raccontano di tutto:

colleghi arrabbiati, professori universitari (e non) che non sorridono mai, superiori e datori di lavoro sempre infuriati, genitori che urlano, dipendenti pubblici che non ti dicono neppure buongiorno (non che nel privato non ce ne siano) ecc.

Eppure basterebbe così poco: **da un sorriso nasce sempre un altro sorriso.** Il Tuo sorriso fa la differenza, ovunque Tu sia. Alcuni anni fa in Toscana uscì una campagna pubblicitaria sul sociale molto bella, con dei grandi poster pubblicitari nei quali capeggiavano una serie di facce che sorridevano felici. Erano i volontari del Cesvot e uno dei loro slogan mi è rimasto particolarmente impresso, mi sembra fosse: **un sorriso che accende un altro sorriso.** Capisci cosa puoi fare con un semplice sorriso?

Anche quando le cose non vanno bene, le persone che sorridono riescono a cavarsela meglio, ad affrontare e a superare i problemi con uno stato d'animo diverso, sicuramente più positivo. Ciò non significa la risoluzione magica di qualsiasi problema (ci sono cose che purtroppo non dipendono da noi) però, Tu ormai hai capito quanto sia potente la mente umana. *Se affronti il problema con*

uno stato d'animo positivo, credendo che riuscirai a risolverlo...
è molto probabile che Tu possa farcela. Viceversa, se affronti il
problema con spirito negativo, non credendoci e dandoti per
sconfitto in partenza... è certo che ne sarai sopraffatto.

Per esperienza posso garantirti che sorridere aiuta sia Te, sia le persone che incontri ogni giorno, a essere più positive, più allegre: **infatti è impossibile essere depressi e malinconici quando si sorride.** Sorridendo, dunque, alimenti costantemente quel serbatoio chiamato *autostima*. Mentre sorridi la Tua autostima cresce e mentre l'autostima cresce, Ti viene sempre più voglia di sorridere, fino a entrare nel famoso *circolo virtuoso,* dove sorriso e autostima si alimentano a vicenda.

Segreto n° 26: il sorriso alimenta l'Autostima e l'Autostima genera costantemente il sorriso.

Alcuni studi hanno dimostrato che usiamo all'incirca diciassette muscoli facciali per sorridere, mentre per accigliarci, per arrabbiarci, ne mettiamo in movimento più di quaranta. Che spreco di energie! Se mi passi una battuta, con il costo della vita che aumenta ogni giorno di più, *"a sorridere si risparmia"*. Ma battute a parte, oltre ad alimentare la Tua autostima, il Tuo sorriso può far nascere altri sorrisi. Una cosa bellissima, se ci pensi. Proprio come fanno i volontari del Cesvot in Toscana e le migliaia di altri volontari sparsi in tutta Italia, che saluto, ringrazio per l'enorme lavoro che svolgono e che invito a non risparmiare mai un sorriso alle persone in difficoltà.

Gli antichi cinesi erano noti per la loro saggezza. In particolare vorrei ricordarti un proverbio molto arguto: **«Un uomo che non sa sorridere non dovrebbe mai aprire un negozio»**. Ricordati che il Tuo sorriso illumina la vita di tutti quelli che Ti incontrano. Se lavori a contato con il pubblico, sforzati di sorridere e prova a pensare che *per qualcuno che ha già incontrato un sacco di gente sgarbata, cupa e antipatica, il Tuo sorriso è come un raggio di sole tra le nuvole.*

Se sorridi, la gente sarà contenta di stare con Te e vorrà starci il più possibile. Insomma, hai una marea di motivi per imparare a sorridere. Che cosa stai aspettando? Fammi un po' vedere il Tuo sorriso!

Come? Non sei capace?! Se non sai sorridere o pensi di non aver abbastanza motivi per farlo, nessuna paura, fa' come ho fatto io: **mettiti davanti allo specchio e sorridi. Fallo tutte le mattine appena Ti alzi, magari in bagno.** All'inizio Ti scapperà da ridere e Ti sembrerà di essere ridicolo; se aggiungi poi che la maggior parte delle persone che incontrerai non risponderanno mai (o quasi) al Tuo sorriso… lo sconforto potrebbe assalirti. Tu resisti e continua a sorriderti allo specchio e ancora a sorridere a tutti coloro che incontrerai.

Insisti, perché con l'andare del tempo questo semplice esercizio Ti aiuterà a vivere meglio e con il sorriso. Ti accorgerai di avere anche una mentalità diversa: **più positiva, più aperta e più disponibile nei confronti della gente.** Prova. Cosa Ti costa?! **Ella Wheeler Wilcox** diceva: «*Ridi e il mondo riderà con te; piangi e sarai solo a piangere*».

Una piccola storia personale. Per farti capire quanto sia importante il sorriso voglio raccontarti la storia di Riccardo, uno di noi, una persona qualsiasi. Una storia che per me vale molto più di qualsiasi grande impresa. Ho conosciuto Riccardo quando ancora camminava; pur essendo un po' "largo" di taglia, si destreggiava con abilità nel suo laboratorio di serigrafia.

Veniva da Firenze, il mio caro amico Riccardo, dove per molti anni era stato professore di disegno. Poi, per motivi che non gli ho mai chiesto, è capitato dalle mie parti e, vista la sua abilità nelle arti grafiche, ebbe l'idea di aprire una serigrafia (un sistema di stampa che utilizza telai di seta per stampare su materiali diversi dalla carta).

Riccardo è sempre stato una persona solare, col sorriso stampato sul suo bel faccione paffuto, incorniciato dalla barba bianca e punteggiato dagli occhialini da intellettuale. Per alcuni anni lo persi di vista, poi, dovendo commissionare un lavoro per un mio cliente, lo cercai; così andai a trovarlo nella sua nuova e grande casa. Al piano terra aveva impiantato il laboratorio, mentre al primo piano aveva l'abitazione.

Quando entrai nell'ufficio di Riccardo lui era alla scrivania, non mi accorsi subito che era seduto su una carrozzina. Poi, lentamente, gli occhi mi caddero su di essa, visto che aveva cominciato a muoversi con agilità nella stanza. Riccardo era lì, davanti a me, e sorrideva come aveva sempre fatto, come se non fosse mai successo nulla. Scoprii poi che le sue anche avevano ceduto e che da quel momento aveva perso la possibilità di camminare.

Ma ciò che mi meravigliò fu notare come Riccardo fosse, seppure in quella situazione, un *inno alla vita*: **sempre sorridente, con la battuta pronta da buon fiorentino, pieno di entusiasmo contagioso.** Un vulcano di vero ottimismo; e dire che forse avrebbe avuto qualche ragione valida per essere arrabbiato con la vita. Ogni tanto lo vado a trovare e devo essere onesto: **riesce a ricaricare anche me.**

Potrei anche parlarti di me, che nonostante tutti i problemi che mi sono capitati in passato sorrido alla vita e affronto le cose con un ottimismo travolgente, quasi simile a quello di Riccardo, al punto che la mia stessa cara suocera, si è dovuta arrendere e mi ha detto più di una volta: «Beato te, Giancarlo, che bel carattere che hai». Io mi aspetto il meglio, sempre. Per me e per tutta la mia famiglia; e sono certo che prima o poi la semina che ho fatto mi darà i suoi frutti. In passato ho già raccolto; oggi, dopo aver nuovamente seminato *sorrisi e ottimismo* dentro e intorno a me, aspetto con pazienza che le piantine crescano e diventino alberi da frutto. Tu, che cosa hai seminato?

Segreto n° 27: come quello di Riccardo, anche il Tuo sorriso illumina la vita di tutte le persone che incontri. Sorridi e gli altri sorrideranno con Te.

Termino le mie riflessioni sul *sorriso* con un "concentrato" di filosofia che ho trovato, molti anni fa, in un libro. Una poesia talmente bella e ricca di significati che amo regalarla spesso nei miei seminari. Oggi, la regalo anche a Te.

Il valore di un sorriso

«Non costa niente, ma dà molto.

Arricchisce chi lo riceve senza impoverire chi lo offre.

Dura un secondo ma il suo ricordo è eterno.

Nessuno è così ricco da poterne fare a meno

e nessuno così povero da non sentirsi più ricco al riceverlo.

Porta la felicità in casa, la buona volontà sul lavoro,

ed è il simbolo dell'amicizia.

Se gli altri sono troppo stanchi per offrirvi un sorriso,

vorreste essere così gentili da tirarne fuori uno voi?»

Diceva **Marco Aurelio**: *«Come sono i tuoi pensieri, così sarà anche la tua mente, poiché l'anima riflette il corso del pensiero».*

Esercizio

Per imparare a sorridere devi solamente *cominciare a sorridere*. Impegnati ogni mattina a fare un banale quanto utile esercizio:

1. Mettiti davanti allo specchio e dedica almeno due minuti di orologio a sorriderti.

2. Sorridi in tutti i modi, anche facendoti le smorfie oppure le boccacce. Quello che voglio è che per almeno due minuti, Tu sorrida a Te stesso davanti allo specchio

3. Quando esci da casa sorridi e dì: «*Buon giorno*!!!» con enfasi, molta enfasi, ad almeno cinque persone che incontri, anche e soprattutto a quelle che non conosci.

4. Fallo tutti i giorni e dopo un po' Ti accadrà una cosa meravigliosa: che **il sorriso uscirà senza forzature** e che le persone cominceranno a rispondere al Tuo buongiorno.

Fidati. L'ho fatto molte volte prima di Te e lo faccio tuttora quando arrivo in un nuovo ambiente, dove non mi conosce nessuno: funziona. Altroché se funziona. Mi chiamano "Mister Sorriso" e, dopo un po', tutti rispondono al mio saluto.

RIEPILOGO DEL CAPITOLO 5:

• SEGRETO n° 20: chi ha un'Autostima molto alta alimenta continuamente se stesso e le sue credenze. Ogni volta che le sue credenze si rafforzano, alimenta la sua Autostima. Generando un circolo virtuoso.

• SEGRETO n° 21: avere una buona Autostima Ti permette più facilmente di concentrarti sulla soluzione, anziché sul problema. Concentrarsi sulla soluzione significa spesso trovarne almeno una.

• SEGRETO n° 22: un vincente è una persona che costruisce qualcosa per sé e per gli altri, sempre rispettando i diritti di tutti. Puoi fare tutti i soldi del mondo, ma non sarai mai un vero vincente se per farli avrai calpestato qualcuno.

• SEGRETO n° 23: la famiglia e la scuola sono i primi luoghi in cui si forma l'Autostima. Da genitore prima e da formatore poi, affermo che dobbiamo sforzarci di trasmettere ai nostri figli e ai nostri ragazzi valori e credenze positive sin dai primi giorni della loro vita.

• SEGRETO n° 24: per aumentare la Tua Autostima usa tutti i giorni le LEVE dell'entusiasmo e della passione.

- SEGRETO n° 25: l'effetto del sorriso è potente e apre il cuore delle persone.

- SEGRETO n° 26: il sorriso alimenta l'Autostima e l'Autostima genera costantemente il sorriso.

- SEGRETO n° 27: come quello di Riccardo, anche il Tuo sorriso illumina la vita di tutte le persone che incontri. Sorridi e gli altri sorrideranno con Te.

Giorno 6

Sii umile e continua a imparare

L'umiltà è una pratica largamente sottovalutata nella nostra cultura moderna. Esiste una convinzione comune: che l'umiltà vada bene solo per le persone religiose e sante e che nella vita di tutti i giorni non aiuti per nulla a realizzare i propri obiettivi, anzi, si ha la certezza che sia soltanto di ostacolo.

Molti considerano l'umiltà una debolezza e, per contro, l'aggressività e l'orgoglio delle virtù. Sento spesso frasi del tipo *«Se non ti fai strada con le unghie gli altri ti stritoleranno».* Questo accade perché la maggior parte delle persone non comprende cosa significhi in realtà essere umili. Forse per loro essere umili significa avere una bassa considerazione di se stessi e quindi avere un senso d'inferiorità; per dirla come nel capitolo precedente: **avere scarsa autostima.**

Posso garantirti che in realtà è vero il contrario: **le persone grandi sono innanzitutto umili.** Nel primo week-end di settembre del 2007 ho partecipato a un corso sulla *Comunicazione persuasiva*, tenuto a Milano da **John La Valle**, attualmente il numero uno al mondo nella PNL applicata al business e alle vendite. Posso garantirti che non ho mai conosciuto un uomo più sicuro di sé e, contemporaneamente, più umile. John è anche ironico! Avrebbe tutti i motivi per sentirsi importante e "tirarsela" un po'. Invece no. Massima semplicità, massima disponibilità. Questa è vera grandezza. Grande esempio di professionalità.

Magari molti dei professori e dei formatori italiani fossero umili e professionali come John La Valle! Consiglio loro di partecipare a uno dei suoi corsi, sono certo che avrebbero molto da imparare, sia sotto l'aspetto professionale, sia sotto quello umano.

Confucio amava ripetere ai suoi discepoli: «*Chi è più saggio, colui che dice di esserlo o colui che non lo sa?*» Un grande scienziato come **Albert Einstein** era noto per la sua semplicità infantile; nonostante la sua grandezza manteneva un forte senso di umiltà. **Socrate** ripeteva continuamente ai suoi seguaci: «*So solo* *di non saper nulla»*. Esempi come questi potrei fartene a profusione, potrei citarti centinaia e centinaia di "grandi" della storia che hanno avuto in comune un fattore: l'umiltà. Evita di credere che essere umili significhi *non valere nulla o essere degli incompetenti.*

Conosco molte persone semplici che, pur essendo prive di laurea, potrebbero tranquillamente trasmettere le loro esperienze nei corsi universitari. Viceversa, conosco molte altre persone laureate nelle più prestigiose università italiane, che credono di essere *le più brave*, pensano di *conoscere tutto e tutti* e non hanno mai bisogno di nessuno: queste persone si troveranno male nel corso della loro vita. **L'umiltà è sapere di essere in gamba, anche se non esenti da errori.** Tu non hai mai sbagliato? Io si, molte volte. *La persona umile è colei che dall'errore sa trarne opportunità* e si mette sempre in discussione.

Segreto n° 28: l'umiltà è saggezza; per manifestare veramente la grandezza della Tua vita devi imparare a essere umile.

Devi ascoltare e non aver vergogna di imparare dalle altre persone. Devi fare come i bambini, che sono pieni di stupore e di curiosità, amano vivere la vita e conoscere tutto quello che c'è da sapere. Metti da parte l'arroganza e smetti di pensare che non hai più nulla da imparare. Io ho quarantacinque anni e sono sempre pronto a imparare cose nuove, a mettermi in discussione.

Sii aperto e disponibile a imparare sempre cose nuove anche Tu. Anche e soprattutto da quelle persone che ritieni, probabilmente a torto, non abbiano assolutamente nulla da trasmetterti. Anche la sola esperienza che possono trasferirti vale molto più di quanto Tu possa immaginare. Perché l'esperienza di una persona è *"unica"*, appartiene al suo vissuto; posso garantirti che ogni esperienza è diversa dalle altre; quindi vale la pena acquisirla. Resta umile e ricordati che **esiste sempre qualcosa da imparare**.

Una piccola storia personale. Ti porto un piccolo esempio di umiltà. Risale a qualche anno fa; a quell'epoca avevo sviluppato una serie di corsi sul *Marketing relazionale* nell'area tra Massa, Livorno e Rosignano Solvay. Durante questi corsi potevo incontrare ogni volta mediamente una decina di piccoli imprenditori locali. Quando la Confcommercio Toscana mi propose l'incarico, non Ti nascondo che un briciolo di stupore mescolato a ilarità apparve sul mio volto: *avrei dovuto trasmettere le mie esperienze a dei macellai!* Tra me e me pensai: «Che cosa avranno mai da imparare persone di quaranta, cinquanta e passa anni? E soprattutto, con che spirito queste persone potranno ascoltare qualcuno più giovane di loro?».

Riposi i miei dubbi nel cassetto e mi preparai al meglio, come faccio sempre. Il primo incontro avvenne a Massa, dove trovai un *ambiente eccitatissimo e desideroso di imparare cose nuove* (quasi fossero dei bambini). Le prime quattro ore passarono velocissime, tanto furono intense e piene di domande dei partecipanti. Sembravano *assetati di sapere,* avevano voglia di conoscere cose nuove, come nuovi metodi per relazionarsi con i loro clienti, nuovi strumenti per capirli e per comunicare meglio, anche tra di loro.

Poi fu il turno di Livorno, dove mi accolse un gruppo di macellai imprenditori simpaticissimi, pieni di ironia e allegria e, soprattutto, voglia di imparare (l'ironia e la simpatia sono tipiche dei livornesi). Infine mi incontrai con due gruppi di macellai a Rosignano Solvay (sempre in provincia di Livorno) e anche in quelle occasioni la voglia di imparare, nonché di mettersi in discussione, emerse in maniera lampante.

Ero sorpreso e meravigliato allo stesso tempo: persone di cinquant'anni e più che si mettevano in discussione ed erano piene di voglia di imparare, di apprendere e conoscere cose nuove. Insomma, i miei *pregiudizi mentali* erano stati drasticamente smentiti, spazzati via. Non Ti nascondo che alla fine ne fui contento, quasi sollevato. Così queste persone mi hanno dato una grande lezione di umiltà, mi hanno fatto capire che non si smette mai di imparare; mai. A loro volta, mi hanno trasmesso cose che prima non conoscevo. Fai come loro: **sii sempre umile e desideroso di nuove conoscenze.**

Albert Einstein diceva: «La cosa importante è non smettere mai di porsi domande. *La curiosità ha le sue buone ragioni di esistere.* Non si può che restare sgomenti, quando si contemplano i misteri dell'eternità, della vita, della meravigliosa struttura della realtà. *È sufficiente cercare solo di capire un po' di questo mistero ogni giorno. Mai perdere il gusto di una sacra curiosità».*

Segreto n° 29: mai smettere di imparare. Fai come quei macellai: apri la Tua mente e apprendi cose nuove.

Ogni qualvolta qualcuno mi chiama "esperto" arrossisco e mi affretto a precisare che alla mia giovane età (anche se a gennaio compirò quarantasei anni, mi sento curioso come un bambino) non si può essere esperti di nulla: **sono troppe le cose che devo ancora imparare.** La voglia di imparare è talmente radicata in me che cerco di apprendere più notizie e informazioni possibili. Ho persino aperto un blog sul sapere e sulla cultura: http://acculturarsi.blogspot.com/.

Come faccio? Leggo moltissimo: almeno un quotidiano al giorno, parecchie riviste al mese (da *Focus* a *Mente & Cervello*, per passare a *Millionaire* ed *Espansione*), dai due ai tre libri ogni mese (di ogni genere: dalla psicologia alla comunicazione, dal pensiero positivo alla PNL, dal coaching al marketing, dall'economia alla gestione del denaro ecc). Inoltre, adoro leggere fumetti come *Zagor* e *Tex*, di cui ho una collezione quasi completa. Partecipo spesso e volentieri a corsi e seminari di aggiornamento. Insomma, tengo la mia mente occupata. Per favore, evita di chiedermi dove trovo il tempo per leggere tutte quelle cose perché dovrei risponderti in maniera molto banale: **lo trovo!**

Qualsiasi lavoro Tu faccia, devi sempre tenerti aggiornato, conoscere cose nuove, leggere ed essere curioso. Leggi di tutto: dal *Sole 24 Ore* a *Tex*, da *Donna Moderna* a un buon libro. Tu ci tieni al Tuo corpo, vero? Mangi cose buone, naturali, genuine. Magari vai in palestra, oppure vai a correre e ancora vai in piscina.

Bene. Se Tu tieni al Tuo corpo, lo nutri e lo mantieni in forma, mi spieghi come mai non fai altrettanto con la Tua mente? Perché **la Tua mente è come il Tuo corpo: ha bisogno di essere continuamente alimentata.** Ricordati di **Benjamin Franklin,** lui sosteneva che la conoscenza paga sempre: «*Se un uomo investe in sapienza, nessuno potrà portargliela via. Un investimento in conoscenza paga sempre il massimo interesse*».

Il mitico **Henry Ford** diceva: «*A vent'anni, come a ottanta, chi cessa di imparare è un vecchio, chi continua a imparare è* *giovane*». Fa' come **Franklin** e come **Ford.** Fa' come loro e, in piccolo, fa' come faccio io: tieni la Tua mente occupata, accesa; nutrila continuamente di sapere, di conoscenza, di cultura; resta umile, apri la Tua mente e continua ogni giorno a imparare.

Segreto n° 30: così come nutri il Tuo corpo e lo tieni in allenamento, alimenta costantemente la Tua mente e tienila occupata. Ti sorprenderai di scoprire quante cose è capace di apprendere; cose che Ti torneranno indietro sotto forma di soluzioni ai Tuoi problemi.

Esercizio

Per nutrire la Tua mente devi solo fare due cose: **leggere e apprendere.** Leggi di tutto, leggi continuamente e, soprattutto, con costanza. Iniziando a leggere poche pagine ogni giorno finirai per leggere un libro in due mesi. Poi aumenterai il numero delle pagine giornaliere e così leggerai un libro in un solo mese. Andando avanti riuscirai a leggere due o tre e libri al mese, come faccio io oggi, e così via. Segui questi punti:

1. Definisci il Tuo obiettivo giornaliero: leggere una pagina, leggerne due, tre, e così via.

2. Prenditi ogni giorno dieci, quindici minuti per Te e la Tua mente.

3. Se alla fine della giornata non hai ancora trovato il tempo per leggere, obbligati a non andare a dormire senza aver prima letto le poche pagine che Ti sei posto come obiettivo. Ricorda che la costanza e la determinazione faranno la differenza.

4. Ogni mese controlla i Tuoi obiettivi, verifica a che punto sei con la lettura del libro: sei in linea con le pagine oppure sei indietro? Se sei in linea, bene, altrimenti devi recuperare le pagine e rimetterti in pari.

5. Tra tre mesi verifica quanti libri sei riuscito a leggere. Per fare questo segnati in una scheda (Ti allego un facsimile della mia) il titolo del libro che leggi, ogni volta che ne finisci uno. Mettere le cose per iscritto Ti aiuterà a ricordare e, soprattutto, a fare.

6. Se tra sei mesi sei in linea con l'obiettivo della lettura dei libri, puoi fare un salto in avanti e iscriverti a un primo corso/seminario. Sceglilo di un solo giorno, di un argomento che Ti appassiona e possibilmente vicino a casa.

7. Continua in questo modo: poche pagine al giorno e un corso/seminario ogni sei mesi.

8. Tra un anno fai il punto della situazione e se tutto è andato bene, puoi decidere di aumentare i ritmi dell'apprendimento e passare a leggere più velocemente e partecipare a seminari più impegnativi e ravvicinati tra loro.

Mentre fai questo percorso, la Tua mente si *"apre"*, è continuamente sollecitata e apprende sempre cose nuove.

Segreto n° 31: la politica dei piccoli passi Ti farà fare *passi da gigante* e piano piano, senza sentirne il peso, scoprirai di aver letto quattro o cinque libri e magari di aver partecipato anche a un seminario.

«Se investi in borsa, potrebbe anche crollare. Se investi in una casa e non riesci a pagare il mutuo, la banca potrebbe anche portartela via. Se investi in un'azienda e non la sai gestire, potrebbe anche fallire. Se però investi il Tuo denaro per imparare a conoscere i meccanismi della borsa; se investi il Tuo denaro per imparare le leggi che regolano l'economia e se investi il Tuo denaro per apprendere nozioni di marketing e di comunicazione... Forse potresti giocare in borsa e vincere anche quando il mercato crolla e forse potresti rinegoziare il mutuo alle migliori condizioni di mercato e forse saresti in grado di gestire la Tua azienda nel migliore dei modi.

Qualsiasi cosa Tu voglia fare, prima investi il Tuo denaro nella cultura e nel sapere, perché nessuno potrà mai portarteli via».

(Giancarlo Fornei).

Scheda Aggiornamento Personale

Per il 2008, l'obiettivo prioritario è _______________________

____

____

____

Corsi/seminari fatti nel 2008:

1) ____

2) ____

3) ____

Leggere almeno 4 libri (uno ogni tre mesi):

1) ____

2) ____

3) ____

4) ____

RIEPILOGO DEL CAPITOLO 6:

SEGRETO n° 28: l'umiltà è saggezza; per manifestare veramente la grandezza della Tua vita devi imparare a essere umile.

SEGRETO n° 29: mai smettere di imparare. Fai come quei macellai: apri la Tua mente e apprendi cose nuove.

SEGRETO n° 30: così come nutri il Tuo corpo e lo tieni in allenamento, alimenta costantemente la Tua mente e tienila occupata. Ti sorprenderai di scoprire quante cose è capace di apprendere; cose che Ti torneranno indietro sotto forma di soluzioni ai Tuoi problemi.

SEGRETO n° 31: la politica dei piccoli passi Ti farà fare *passi da gigante* e piano piano, senza sentirne il peso, scoprirai di aver letto quattro o cinque libri e magari di aver partecipato anche a un seminario.

Giorno 7

Sogna in grande e agisci in piccolo

Ho il piacere di insegnare Comunicazione in alcuni istituti superiori pubblici della provincia di Massa Carrara, in molti corsi IFTS, nei corsi per gli apprendisti ecc. Sono ripetutamente a contatto con ragazzi la cui età è compresa tra i diciassette e i trent'anni. Ascoltandoli ho scoperto che pochi di loro hanno i famosi sogni nel cassetto o anche solo provano a immaginare come sarà il loro futuro. La maggior parte di questi ragazzi manca di stimoli particolari e non riesce a usare la leva dell'immaginazione proiettarsi nel futuro, sia esso il mondo del lavoro, la sfera sociale o quella privata. Tutto questo mi ha fatto riflettere e mi ha portato a scrivere quest'ultima parte dell'ebook.

Parto da una considerazione che ho fatto mia da molti anni, ormai: avere una mente fervida e creativa è importante, perché ci permette di sognare e immaginare continuamente obiettivi da perseguire e da raggiungere. I sogni, si sa, allietano la vita di ogni persona. Si comincia sin da piccoli a sognare. Chi di Noi non ha mai immaginato momenti felici e particolarmente importanti per la propria vita? Tu, non hai mai sognato a occhi aperti?

Io, per esempio, ho sempre sognato di fare prima il poliziotto e poi l'uomo ricco. Il poliziotto perché volevo essere un eroe: salvare vite umane, sventare rapine, far trionfare la giustizia, difendere i più deboli. L'uomo ricco perché, a parte avere i soldi per comprarmi le cose che mi piacevano e far star bene la mia famiglia, avrei voluto creare una Fondazione per i bambini abbandonati. Una Fondazione che costruisse e gestisse direttamente Case Famiglia e che si rivolgesse ai bambini italiani. Spesso ci si dimentica infatti della necessità in cui si trovano i nostri connazionali e si pensa che i problemi siano lontani da noi, solo negli altri Paesi.

Segreto n° 32: avere una mente *fervida e creativa* è importante perché ci permette di sognare e immaginare continuamente obiettivi da perseguire e da raggiungere.

A essere onesto, fino a oggi non ho realizzato nessuno dei due sogni: non sono mai diventato un poliziotto e neppure sono diventato un uomo ricco. Forse i due sogni erano troppo grandi per quell'epoca o forse, semplicemente, non vi ho messo tutte le risorse che disponevo e che sarebbero servite per realizzarne almeno uno. Credo che un po' di autocritica debba farla. Ad ogni modo, due cose importanti le ho capite:

1. **Gli esseri umani si "cibano" di sogni.** Lo sanno bene tutte quelle persone che hanno raggiunto risultati importanti nel corso della loro vita: un imprenditore che ha costruito dal nulla la sua azienda, un artigiano che ha dato forma con le sue mani a un mobile pregiato, un atleta che ha gareggiato e vinto una manifestazione importante, un ricercatore che grazie alla sua testardaggine ha prima scoperto la causa di una malattia e poi l'ha debellata, la persona che pur non sapendo suonare il pianoforte ci mette impegno e passione, tanta passione e finisce per diventare un grande pianista ecc.

2. **Bisogna sempre pensare e sognare in grande anche se è meglio agire in piccolo.** Dal piccolo si formano e si plasmano le cose. Dal posare un semplice mattone nasce una casa

maestosa, dal piccolo pezzo di creta prende vita uno splendido vaso. Da una pagina al giorno si finisce per leggere un libro di 300 pagine. Dal seminare dei piccoli semi prende vita una spalliera di splendide rose colorate e profumate. Dal perdere solo 50 grammi di peso ogni giorno si finisce col perdere 1,5 kg di grasso al mese e, soprattutto, 18 kg in un anno. Dal fare un km il giorno si finisce per camminare, in un anno, 365 km, e così via.

La politica dei piccoli passi, come diceva il grande **Milton Erickson**, ha sempre portato a grandi risultati. Ma **la politica dei piccoli passi ha bisogno di una grande determinazione, costanza e forza di volontà.** Paradossalmente ha bisogno di maggior forza rispetto al fare una sola cosa tutta insieme, anche se di sicuro ci garantisce un risultato finale, frutto della nostra fatica e della nostra perseveranza. A forza di ragionarci sopra ho capito perché non ho ancora realizzato nessuno dei miei due sogni di bambino: **ho sì pensato in grande, ma senza applicarmi in piccolo.** Volevo tutto e subito, ma questo Tu sai bene che non è possibile, salvo che non si vinca al superenalotto.

Oggi, a quarantacinque anni, dopo aver fatto un po' di errori e, soprattutto, dopo averli riconosciuti e metabolizzati, posso affermare che se è vero che i miei due sogni da bambino non li ho ancora raggiunti, in compenso non ho mai smesso di pensare in grande.

Dopo molti tentativi ho cominciato a costruire i miei *nuovi sogni* partendo dalla politica dei piccoli passi e, passo dopo passo, finalmente ho raggiunto un sogno. E dopo un po' un altro e poi ancora un altro. E oggi eccomi qui a scrivere questo ebook: pagina dopo pagina ho realizzato un altro mio sogno. Per quanto riguarda i sogni di quando ero bambino, per il primo, ormai, non posso più farci nulla, mentre per il secondo ho sempre tempo.

Segreto n° 33 a forza di piccoli passi, si arriva lontano. Molto lontano.

Credimi, diffida da chiunque Ti assicuri che puoi raggiungere le cose facilmente, senza nessuna fatica, e diffida anche di chi sostiene che senza soldi e senza spinte non potrai mai fare nulla di grande e di bello nella Tua vita. Queste affermazioni sono entrambe false.

Per raggiungere un obiettivo e materializzare il Tuo sogno devi costruirlo sapientemente, con **costanza** ogni giorno, mattone dopo mattone, pezzo dopo pezzo, così come faresti nel costruire un puzzle. **Devi crederci**, ogni giorno un pochino di più. Devi crederci soprattutto Tu, perché agli altri non interessano i Tuoi sogni. E puoi raggiungerli anche senza avere soldi in tasca e spinte da parte di nessuno; potrei raccontarti decine e decine di storie di persone che ce l'hanno fatta da sole, senza soldi, senza aiuti.

Io stesso appartengo a questa categoria di persone: senza soldi in tasca (la mia famiglia era povera) e senza aiuti "particolari" (purtroppo l'orgoglio me lo ha sempre impedito), sono arrivato dove sono oggi. Certo, niente di speciale! Comunque se mi giro e guardo indietro vedo il grande cammino che ho fatto e so che l'ho fatto da solo, senza l'aiuto di nessuno. Ho solo messo in pratica due cose: **credere in me stesso e agire.**

Non so se sei consapevole della fortuna che hai: oggi puoi decidere cosa fare della Tua vita. A differenza di Orso, il mio cane (un bellissimo pastore belga dal pelo folto di colore nero), Tu puoi decidere. Lui, invece, deve aspettare che io ritorni a casa per poter uscire a fare quattro passi. E quando mi vede comincia a scodinzolare e a guardare verso il guinzaglio appeso al muro, con la speranza che io lo porti fuori.

Tu, invece, puoi decidere da solo. Puoi decidere di affidare tutti i Tuoi sogni a una vincita al superenalotto. Puoi decidere di attendere passivamente gli eventi, che qualcuno – prima o poi – agisca per Te. Oppure puoi cominciare a sognare, pensare in grande e agire in piccolo. Agire da subito, senza rimandare a domani. Giorno dopo giorno, passo dopo passo, azione dopo azione. Fai come Mario, un mio cliente: 50 gr alla volta ha perso quasi 800 gr di peso in eccesso in quindici giorni. Mi chiedo quanti chili perderà da qui alla fine dell'anno se saprà continuare la politica dei piccoli passi, se avrà costanza e determinazione nell'agire.

Segreto n° 34: se decidi di andare avanti e agire, potresti anche sbagliare. Se decidi di restare fermo e aspettare, sicuramente sbaglierai.

Dunque, non sono mai diventato ricco e neppure poliziotto; comunque l'immaginazione mi è servita per capire una cosa fondamentale della vita: che *se mi accadevano le cose negative che spesso immaginavo* quando ero preoccupato per il mio futuro… *potevano accadermi anche le cose belle* che riuscivo a pensare.

La mente umana è uno strumento potentissimo, che prende alla lettera ogni comando che gli diamo (vedi il primo capitolo, quello dedicato alle potenzialità del Tuo cervello). In base alle informazioni che gli trasferiamo la nostra mente può creare modelli negativi e limitanti che finiscono per ripetersi con regolarità allarmante. Può creare delle barriere che pur esistendo solamente nella Tua mente, diventano invalicabili nella realtà della vita quotidiana. Oppure, **pensando in positivo**, può creare nuove e grandi opportunità, **opportunità** che attendono solo di essere colte.

Purtroppo la maggior parte delle persone non sa usare il potere della propria mente e si limita *solamente a vivere una vita in bianco e nero,* riducendosi a desiderare delle cose, senza spingersi oltre, *senza* darsi da fare per *immaginarle già nella propria testa.* Tu, invece, devi sforzarti di usare la Tua mente, sia per immaginare cose e obiettivi da raggiungere, sia per *focalizzarle* meglio e sentirle parte di Te.

Se vuoi diventare famoso **immagina che Tu lo sia già, usa il presente e usa la prima persona.** Ripetiti continuamente: «**IO POSSO FARCELA**», e immaginati nell'atto di fare quella determinata cosa che Ti porterà al successo. Se vuoi trovare lavoro **immagina che Tu lo abbia già, usa il presente e usa la prima persona.** Anche in questo caso, ripetiti continuamente il solito mantra. Usa la *Legge di Attrazione* a Tuo vantaggio: pensa e attira ciò che vuoi. *Evita di pensare a ciò che non vuoi*, perché, purtroppo, finirai per attrarre anche quello.

Vorrei che Tu non fraintendessi il metodo; non parlo assolutamente di miracoli, sfere magiche o cose di questo tipo. Ma sono fermamente convinto che se impari a usare la Tua immaginazione in modo positivo, con convinzione e determinazione, puoi davvero riuscire a ottenere ciò che vuoi. Del resto la *Legge di Attrazione* esiste nella realtà e **dice semplicemente che attraiamo verso di noi tutto ciò che pensiamo.**

Non Ti sto dicendo che se immagini di avere davanti a casa una Ferrari riuscirai a materializzarla. Sarei un pazzo se affermassi questo. Ti sto dicendo che dopo aver creato i *presupposti* per avere quella cosa che desideri – agendo e dandoti da fare – puoi aumentare sensibilmente le possibilità che ciò accada immaginandoti già in possesso di quella cosa. Ripeto: **agisci e crea i presupposti per avere una cosa e immaginala già in Tuo possesso.**

Facciamo un esempio: se voglio un nuovo lavoro, dovrò prima decidere cosa voglio fare, in quale zona d'Italia voglio andare a lavorare, in quale settore mi piacerebbe lavorare. Una volta individuato il settore, devo analizzare tutte le mie competenze e preparare un buon curriculum con cui presentarmi. Una volta fatto, devo cominciare a cercare e poi contattare le aziende a cui propormi. Insomma, devo creare i presupposti per cercare un nuovo lavoro. Dopo aver creato i presupposti, e quindi dopo aver *agito*, ho due possibilità:

1. **aspettarmi un esito negativo.** E posso garantirti che se Ti aspetti di *non trovare lavoro*, accadrà proprio quello che non vorresti accadesse;

2. **aspettarmi un esito positivo.** In questo caso non ho la certezza che il lavoro arriverà, però posso sicuramente *aiutare* la fortuna immaginandomi già con quel lavoro, in quel contesto, in quell'azienda.

Leggo nuovamente sulla Tua faccia un po' di scetticismo. Sono consapevole che è difficile accettare un certo modo di pensare, anche se, permettimi di farti notare, pochi di noi hanno la fortuna di fare nella vita ciò che hanno sempre sognato e se Tu sei tra queste… smetti pure di leggere questo ebook: **non Ti serve.** Molti, invece, lo possono solamente immaginare. Si *"aggrappano"* ai sogni e all'immaginazione per *evadere* dalla monotonia della vita quotidiana. Se appartieni a questa seconda categoria molto meglio se impari ad usare i Tuoi sogni per indirizzarli verso qualcosa di costruttivo, di realizzabile.

Studio da molti anni la Programmazione Neuro-Linguistica **e ho appreso che il potere della mente è immenso.** Attraverso le sensazioni neurologiche (visive, uditive e cinestesico-emozionali o sensoriali) le nostre semplici *immaginazioni* possono diventare *reali.* Prima ancora di analizzare con razionalità e lucidità la situazione, emettiamo *giudizi* su persone, cose e situazioni che, talvolta, si rivelano inesatti.

Da quando ho cominciato a praticare la Programmazione Neuro-Linguistica, nel lontano 1994, ho imparato ad aprire la mia mente e a **vedere le cose da un punto di vista diverso**, evitando di essere prevenuto. Impara a farlo anche Tu. Vivrai molto meglio. Ricorda che ciò in cui credi fortemente ha maggiori probabilità di realizzarsi. Molto meglio dirigere i Tuoi sforzi verso *ciò in cui credi* che dedicare tempo e risorse a *ciò che non credi sia realizzabile.*

Segreto n° 35: se impari ad usare i Tuoi sogni per indirizzarli verso qualcosa di costruttivo, di realizzabile, molto spesso finisci per costruire nella realtà quello che sogni.

Crearti un futuro cupo e triste, oppure vincente, dipende solamente da Te, dal Tuo modo di pensare, di immaginare le cose, di sognarle. Comincia a sognare e se lo facevi già, continua a farlo. Evita di aver paura di volare con la Tua immaginazione e ricorda: se la usi per creare visioni negative e distruttive, nella Tua vita accadranno sempre cose spiacevoli. Se invece applichi la Tua immaginazione in modo positivo, la Tua vita comincerà pian piano a migliorare.

La prossima volta che vuoi *sognare* sul Tuo futuro, **cerca di visualizzare con forza quello che desideri veramente e poi mettilo per iscritto, con tanto di sensazioni che provi.** Forse, sarà più facile raggiungerlo. Naturalmente, nessuno vuole farti credere che se sogni a *occhi aperti* Ti accadranno solo ed esclusivamente delle cose belle, solo uno sciocco sosterrebbe questo. Affermo solo che un uomo e una donna hanno bisogno di avere dei sogni, degli obiettivi, qualcosa in cui credere. Se smetti di sognare, resterai senza stimoli.

Ti regalo una bellissima massima di **Edmund Spenser:** *«È la mente che ti fa essere buono o cattivo, che ti rende misero o felice, ricco o povero».*

Nell'introduzione ho fatto un'affermazione importante: *«C'è un solo tipo di successo, quello che consente di fare della Tua vita ciò che desideri».* Naturalmente, il diventare re o regina è una metafora. Quello che è importante è che Tu capisca che puoi essere **l'attore principale** del Tuo futuro. Puoi essere il protagonista, in positivo o in negativo, della Tua vita.

Certo, potranno esserci dei problemi, qualcuno potrà farti lo "sgambetto" e farti cadere, le persone vicino a Te potranno ferirti, oppure deriderti e, magari, non credere in Te. In ogni caso ricorda bene questo: **quello che può fare la differenza,** nel bene e nel male, **sei sempre e solamente TU.** Comincia subito a **pensare in positivo** e soprattutto: impara ad agire. Agisci in piccolo, ora, non rimandare a domani. Al primo passo fa' seguire un altro passo e poi prosegui ancora. Eccoti svelata la formula del successo.

Una piccola storia personale. Durante uno dei miei seminari motivazionali tenuti a Viareggio, a un certo punto una giovane e simpatica signora mi chiese, un po' sconsolata: «Va benissimo tutto quello che mi stai raccontando, ma come faccio a risolvere i miei problemi se ho paura di sbagliare?» Ricordo ancora quella scena: la guardai dritta negli occhi, le feci un bellissimo sorriso e le dissi semplicemente, sillabandola, la parola **«A-GI-SCI»**.

Pensi che abbia la sfera di cristallo? No. Credi che possieda la bacchetta magica? Neppure. Quindi, se Ti aspetti che faccia dei rituali magici e per incanto risolva tutti i Tuoi problemi, potrei anche deluderti. Anzi, sono convinto che Ti deluderei. Quello che ormai ho imparato molto bene è che la mia mente e anche la Tua e quella della signora del seminario di Viareggio, funziona sulla base di credenze: **se credo che potrò riuscire a fare quella cosa, probabilmente mi riuscirà**; viceversa, se credo che quella stessa cosa non sarò capace di farla, sicuramente fallirò. Non puoi *non fare* le cose semplicemente perché hai paura di sbagliare.

Come ho già ampiamente affermato, sbagliare è umano e personalmente non conosco nessuno che non abbia mai sbagliato almeno una volta in vita sua. Io, per esempio, ho sbagliato tante di quelle volte che non le ho più contate. Alcuni dei miei errori mi hanno presentato dei conti salatissimi, eppure, se non avessi mai *tentato* e non mi fossi mai *buttato* nelle cose, probabilmente non avrei mai fatto il mio primo seminario in Versilia e in seguito neppure quello a Viareggio, dove conobbi quella signora. Forse non avrei mai scritto la mia prima dispensa e ancora non avrei mai cominciato a scrivere il mio primo ebook.

Segreto n° 36: sbagliare è umano. Sbagliare perché hai paura di sbagliare è da sciocchi. Molto meglio sbagliare *facendo*, almeno impari qualcosa.

Quante volte Ti sei fatto scappare un'opportunità perché avevi paura di sbagliare? Quante volte Ti hai evitato di intervenire in una discussione perché avevi il timore di fare la figura dello sciocco? Quante volte Ti sei bloccato perché temevi un rifiuto? E dimmi, quante volte non Ti sei proposto per un lavoro o un nuovo incarico semplicemente perché pensavi di non esserne all'altezza?

Troppe, vero?! Personalmente tante. Poi ho deciso di **smettere di parlare** e di **cominciare ad agire** di più.

Lungi dal sostenere che da quel momento i miei problemi si siano risolti per miracolo, posso però affermare che piano piano, giorno dopo giorno, la mia vita è migliorata, finché finalmente sono riuscito a fare delle cose che mi piacevano. Prima una sola tra queste, poi due, poi tre, poi una un po' più importante e così via.

I limiti che mi ponevo da solo – e che probabilmente Ti poni anche Tu e che si era posta la gentile signora di Viareggio – erano e sono pericolosi, perché il cervello finisce per credere a questi comandi interiori e inconsciamente decide al Tuo posto. È lui, il Tuo *cervello*, che *dice* che *tanto non ce la farai*. Invece Tu devi **reagire**, fare come me: buttarti e provare a fare le cose, come diceva **Milton Erickson,** «un centimetro alla volta».

Una piccola storia personale. Voglio svelarti un segreto, una parte di me che non ho mai raccontato a nessuno: se nel 1982, di ritorno dal militare, non mi fossi buttato una prima volta, sarei ancora a fare il **carpentiere in legno** e a inchiodare tavolette; era quello il lavoro che avevo lasciato partendo e quello avrei trovato al ritorno. Capisci: io facevo l'operaio e quella era la vita che mi spettava se non mi fossi ribellato, se mi fossi solo *lamentato* senza cominciare ad agire. Invece già allora diedi una prima *svolta* alla mia vita e in seguito, come ormai hai capito, molte altre.

Non Ti nascondo che la paura di sbagliare era molto forte e i continui richiami di mia madre a *non lasciare il posto fisso* non mi aiutavano a decidere serenamente. Mi congedai a febbraio del 1982 e per i primi quattro o cinque mesi tornai a fare l'operaio, poi dissi BASTA!!! Appesi metaforicamente il martello al chiodo e cominciai a fare il **rappresentante**, come Ti ho già raccontato, prima vendendo il Folletto… o meglio sperando di venderlo. In circa sei mesi ne riuscii a venderne appena tre: uno alla mia mamma, una alla vicina di casa e uno a una gentile signora di Lucca a cui, evidentemente, dovevo aver fatto proprio pena.

Ricordo ancora il giorno in cui il responsabile areale della Folletto mi prese sottobraccio e, parlando del più e del meno, mi accompagnò gentilmente alla porta, dicendomi semplicemente queste parole: «Fornei, **meglio che Lei cambi mestiere**. Dia retta a me, non è portato per la vendita». In un batter ciglia mi ritrovai fuori dalla porta, senza un lavoro e dovendo ricominciare tutto da capo.

Nonostante quel signore non mi abbia dato fiducia e non abbia ben capito il potenziale che avevo dentro di me, auspico a tutti la scuola della Folletto, perché tutte le *porte in faccia* che ho preso sono servite a forgiarmi il carattere. Grande scuola quella della Folletto, la rifarei, perché mi è stata veramente utile. A distanza di anni ogni tanto mi viene da pormi una domanda: e se andassi oggi a vendere Folletto nelle case? Con l'esperienza e la motivazione che ho, quanti ne venderei?!

Come Ti ho già accennato nei capitoli precedenti, in seguito passai a fare il rappresentante di cancelleria per un ingrosso di La Spezia. Faticavo tutto il giorno tra gomme, matite e carta. Dopo appena due mesi scappai: in primo luogo perché le provvigioni erano veramente basse e poi perché pagavano col contagocce. In preda alla disperazione più profonda e con le rate della macchina da pagare, iniziai a leggere gli annunci di lavoro.

Poi fui "illuminato sulla via di Damasco". Devi sapere che la mia fantastica sorella maggiore (di dieci anni più anziana) è suora: suor Maria Teresa (è anche il suo vero nome). Vedendomi depresso e col morale a terra Teresa un giorno mi disse: «Fratello, abbi fede, ti aiuterò io a cercare un lavoro» e, perbacco, lo fece veramente. Ecco che dopo pochi giorni comparve a casa con una splendida rappresentanza per una cereria di Siena. La vidi arrivare con uno scatolone immenso che conteneva ceri giganti, lumini e candele di ogni tipo.

Così cominciai a girare la Lunigiana e la Garfagnana (due zone in collina delle mie parti) e siccome all'epoca avevo da poco comprato la A 122 Abarth, naturalmente usata, non facevo in tempo a riempire il serbatoio della benzina che, salendo e scendendo le dolci colline della Lunigiana, lo esaurivo velocemente. Dopo circa quattro mesi, molto arrabbiato perché la cereria non mi pagava le provvigioni, decisi di smettere con la rappresentanza e di tenermi tutto il campionario di candele, ceri e lumini vari, in ostaggio, in attesa che arrivassero le famose provvigioni che mi spettavano. Pensa che ho ancora i tabulati e quei soldi non mi sono mai stati pagati. In compenso la cereria si è ben guardata dal richiedermi indietro il campionario.

Questa è solo una piccola parte delle avventure della mia vita. Posso garantirti che siamo ancora ai primi anni subito dopo il servizio militare. Nel ricordare e scrivere di quei momenti non Ti nascondo che ho sorriso. Anche in questo momento, mentre rileggo quelle righe, sorrido. In quegli anni, invece, piangevo. Eccome se piangevo.

Ti ho raccontato queste cose per farti capire che *chi sbaglia poco è perché agisce poco.* È vero: **ho sbagliato molto**, lo dimostrano le vicende che Ti ho raccontato. Oggi sono pienamente consapevole che quegli anni sono stati la base del cambiamento della mia vita; senza quegli errori, forse, non sarei mai diventato un consulente prima, un formatore poi e infine un Personal Coach. **Senza quegli errori, starei ancora piantando chiodi** con il mio amico Emilio. E senza quegli errori non avrei mai capito che al mondo ci sono tre tipi di persone:

«Quelle che fanno accadere le cose,
quelle che guardano le cose accadere
e quelle che si stupiscono di ciò che accade».

A Te quale piacerebbe essere? Scommetto che Ti piacerebbe far parte di *quelli che fanno accadere le cose*. Bene. Allora hai un solo modo: **smettila di lamentarti e agisci di più.** Ricordati che **gli errori sono negativi solamente se Ti impediscono di continuare a crescere;** se hai paura di provare un pensiero nuovo o di tentare una soluzione diversa a un problema perché temi di sbagliare, probabilmente stai commettendo un errore ancora più grande. Se è sciocco buttarsi a capofitto in una situazione che non conosci, è altrettanto sciocco non provare nuove strade per la paura di sbagliare.

Segreto n° 37: se vuoi crescere devi imparare a lamentarti di meno, a parlare di meno delle cose che potresti o non potresti fare, e agire di più. L'Azione genera il successo; le persone di successo agiscono.

Naturalmente questo non significa andare allo sbaraglio nel "mercato della vita", bensì imparare a e*vitare di rimandare continuamente le cose per paura di sbagliare.* C'è un vecchio detto: «*sbagliando si impara*». Spesso si impara molto più dai propri sbagli che non dai "saggi" consigli che tutti sono sempre pronti a dispensarti. Anche Tu, come ho fatto io molti anni or sono, hai una grande opportunità: **decidere cosa farai da "Grande"**.

Evita di commettere l'errore di nasconderti per paura di sbagliare. Un giorno forse neanche troppo lontano, potresti pentirti di non aver preso al volo quell'opportunità. Piuttosto, scegli saggiamente e con piena fiducia nelle Tue potenzialità. Evita di aver timore di sbagliare; sbagliare è umano, l'importante è non perseverare. Credi in quello che sei e sarai quello in cui credi. Il grande **Charles Spurgeon** diceva: «*Di nessuno devi aver paura come di te stesso; il nostro peggior nemico sta dentro di noi*».

Ricordati che il successo è direttamente proporzionale alla fiducia e alla volontà che hai di raggiungerlo. Lo potrebbe testimoniare un certo **Napoleone Bonaparte**, che diceva ai suoi generali:

«Prima dobbiamo credere di poter vincere, poi dobbiamo volerlo fino in fondo, dopodiché non ci resta che combattere».

Il successo, in qualsiasi campo, è alla portata di tutti. Il problema è che pochi lo sanno e tra questi ve ne sono pochi disposti a *pagare un prezzo per realizzare i propri obiettivi*. Ma tutti, dico tutti, hanno dentro di sé il potenziale per riuscirci, anche Tu. Devi **solamente crederci** e **impegnarti con costanza e determinazione**, senza farti scoraggiare dagli insuccessi, che purtroppo, saranno tanti. Sei Tu, con i Tuoi pensieri, le Tue convinzioni, i Tuoi atteggiamenti, a condizionare per intero la Tua esistenza e quindi il Tuo destino. Volere è potere.

Lo sapevi che da alcune ricerche è risultato che **solo il 5 per cento delle persone è in grado di affrontare la vita con successo,** mentre il restante 95 per cento non lo è? Sconvolgente, vero? E Tu, in quale percentuale Ti collochi?! Tranquillizzati, anche se non sei ancora arrivato al successo, hai ancora molte speranze, perché quasi sempre nella vita (a parte rari colpi di fortuna), il successo non è casuale. Può essere previsto, costruito e raggiunto, poiché alla base vi è un semplice stato d'animo: **un**

atteggiamento mentale positivo. Quindi anche Tu e io abbiamo ancora buone probabilità di ottenere il nostro personale successo.

William James, uno dei padri della psicologia americana, affermava: «La scoperta più importante della mia generazione è che *gli esseri umani possono modificare la propria vita cambiando il proprio atteggiamento mentale*».

È la legge di causa ed effetto: **tutto ciò che diciamo o facciamo causerà un effetto.** Se facciamo o diciamo qualche cosa di costruttivo, causerà un effetto positivo; se facciamo o diciamo qualche cosa di distruttivo, causerà un effetto negativo. Qualsiasi cosa facciamo o diciamo devi sapere che causerà sempre (volenti o nolenti) un effetto. Nei miei seminari motivazionali mi piace citare questa frase: «*Per ogni cosa che facciamo (o non facciamo), causeremo sempre una contro-azione*».

Segreto n° 38: la legge di causa ed effetto afferma che tutto ciò che dirai o farai causerà un effetto: stai attento a ciò che dici e stai attento a ciò che fai.

Dato che tutto ciò è terribilmente vero, è chiaro che proprio perché ci sarà restituito tutto quello che abbiamo seminato, è sempre meglio sviluppare un sano atteggiamento mentale positivo, volto a costruire già nella nostra mente tutte le cose belle che possiamo e vogliamo desiderare. Impara a **seminare** cose buone e giuste, cose positive, cose utili per Te e per gli altri, cose che possono migliorare sia la Tua vita sia quella delle altre persone. Migliorando la vita degli altri, a parte la consapevolezza di aver fatto del bene, Ti accadrà una cosa meravigliosa: migliorerai anche la Tua.

Alla luce di queste considerazioni, cosa accomuna quel 5 per cento di persone che nella vita hanno costantemente successo? Semplicemente, alcuni banali ingredienti:

1. **conoscono con chiarezza i propri obiettivi;**
2. **sono motivati** a raggiungerli;
3. hanno una **buona preparazione professionale;**
4. sono **convinti delle loro capacità.**

Vuoi raggiungere anche Tu il successo? Comincia con questo esercizio. Sii onesto con Te stesso e datti un punteggio da uno a cinque per ognuno dei punti sopra citati, considerando che uno è il minimo e cinque il massimo della valutazione. Poi lavora per migliorare costantemente le aree in cui Ti sei dato una valutazione bassa e ricorda: **stare in quel 5 per cento dipende da Te, solo da Te.**

Stampa e usa la scheda che segue.

Scheda di valutazione personale

Aree su cui lavorare	1	2	3	4	5
Conosco con chiarezza i miei obiettivi.					
Sono motivato a raggiungerli.					
Ho una buona preparazione professionale.					
Sono convinto delle mie capacità.					

Scheda per definire con chiarezza i Tuoi obiettivi

Descrivi, a grandi linee, i tre obiettivi più importanti che intendi raggiungere entro i prossimi 3, 6 e 12 mesi:

1) ____

____

____

____

2) ____

____

____

____

3) ____

____

____

____

Scheda per definire con chiarezza le Tue motivazioni per agire

Adesso stampa questa scheda tre volte e, per ognuno degli obiettivi che hai precedentemente descritto, scrivi tre motivi per agire subito, entro le prossime 24 ore:

1) ____

____

____

2) ____

____

____

3) ____

____

____

Scheda per definire i Tuoi punti di forza

Stampa questa scheda per ognuno degli obiettivi che hai precedentemente descritto e descrivi, a grandi linee, le tre caratteristiche che possiedi e che ritieni siano i Tuoi punti di forza per ogni obiettivo:

1) ____

____

____

2) ____

____

____

3) ____

____

____

Scheda per definire i Tuoi punti di debolezza

Adesso stampa questa scheda per ognuno degli obiettivi che hai precedentemente descritto e scrivi, a grandi linee, le tre caratteristiche che ritieni di *non* possedere e che pensi siano invece importanti avere per raggiungere ognuno dei tre obiettivi:

1) ____

____

____

2) ____

____

____

3) ____

____

____

Scheda per lavorare sulle Tue convinzioni limitanti

Infine scrivi le tre convinzioni limitanti più importanti che hai e che Ti impediscono di raggiungere o cercare di raggiungere i Tuoi obiettivi. Nel descriverle sii onesto con Te stesso:

1) ______________________________________

____

____

2) ______________________________________

____

____

3) ______________________________________

____

____

Adesso che conosci i Tuoi obiettivi, i Tuoi punti di forza e di debolezza e, soprattutto, le Tue convinzioni limitanti, **comincia subito ad agire.** Come fare? Semplice: **impara a descrivere nei minimi dettagli un obiettivo e comincia a perseguirlo.** Segui le indicazioni che trovi dopo questo segreto e personalizzale.

Segreto n° 39: il segreto del successo nella vita è nell'AGIRE. Comincia ora, subito, senza rimandare a domani.

L'inizio di ogni anno è il momento migliore per focalizzare e definire quelli che saranno gli obiettivi da raggiungere nel corso dello stesso. Da parecchi anni ormai, verso fine dicembre o al massimo i primi di gennaio, ho preso l'abitudine di elencare, **sempre per iscritto,** quelli che saranno i miei obiettivi principali per l'anno nuovo. Anche quest'anno l'ho fatto.

Prima preparo un elenco contenente tutti gli obiettivi messi insieme in maniera grossolana; poi passo ad analizzarli uno per uno, cercando di scrivere il maggior numero possibile di particolari per ogni obiettivo. Sai perché faccio tutto questo?! **Perché la visualizzazione è potente.** Aiuta incredibilmente le persone a raggiungere gli obiettivi che si pongono. Credimi. Prima di spiegarti il perché però permettimi di porti una domanda: **la stragrande maggioranza delle persone come si pone di fronte a un obiettivo?**

Te lo dico io. Si limita a desiderarlo, per esempio: «Vorrei una macchina nuova», «Vorrei poter dimagrire», «Mi piacerebbe laurearmi», oppure «Vorrei trovare un posto di lavoro» e ancora «Mi piacerebbe diventare ricco» ecc. Potrei continuare a elencare un'infinità di possibili desideri che, sono convinto, appartengono anche a Te.

Perché non si realizzano nella vita della maggioranza delle persone? Perché la maggior parte di loro si lamenta sempre, sostenendo di non riuscire a concretizzare nessuno (o quasi) di questi desideri? Perché la stragrande maggioranza degli individui ha dei problemi nel corso della propria vita? La risposta è semplice e disarmante al tempo stesso: **perché i loro desideri sono privi di obiettivi definiti, misurabili e soprattutto, visibili.** Sono privi di azioni concrete e misurabili ed essendo *solo desideri*, come tali resteranno per sempre sulla carta.

Ti spiego meglio il mio pensiero. Affermare: «*Vorrei una macchina nuova*», è un **obiettivo generico**, che potrebbe realizzarsi dopo soli pochi mesi, un anno, cinque oppure dieci. Desiderare di *diventare ricco* è ancor più generico, potresti impiegarci tutta una vita o, addirittura, non riuscirci mai. Quello di cui hai bisogno è tutto tranne che qualche cosa di generico. Tu hai bisogno di **obiettivi formulati in positivo, ben definiti nei particolari, misurabili nei risultati e, soprattutto, visibili rappresentativamente.**

L'esperienza mi ha insegnato che per *definire nei particolari un obiettivo, renderlo misurabile e visibile* c'è un solo modo: **METTERLO PER ISCRITTO**. Scrivere un obiettivo è un modo semplice e al tempo stesso efficace per renderlo forte e desiderabile nella Tua mente. Più rendi forti, desiderabili e visibili gli obiettivi, più facilmente riuscirai a raggiungerli.

Ciò non significa che ce la farai sempre o che ce la farai con estrema certezza, ma semplicemente che la mente umana gioca un ruolo importante nel successo o meno di una persona. Se lo vedi, se hai ben chiaro come sia fatto e quale sia la strada migliore per arrivarci, se puoi verificarne i risultati giorno per giorno, apportando le giuste modifiche, e soprattutto se ci credi, forse **riuscirai a raggiungere veramente il Tuo obiettivo.**

Prendi l'abitudine di fare come il sottoscritto: all'inizio di ogni anno prepara un elenco di quelli che saranno i Tuoi obiettivi da raggiungere. Buttalo giù senza pensare troppo ai particolari; elenca uno dopo l'altro i vari obiettivi, da quelli più semplici ai più importanti. Poi comincia ad analizzare i singoli obiettivi, scrivi tutto quello che Ti passa per la testa, anche le cose banali, aiutati seguendo questi piccoli suggerimenti:

- **definisci delle priorità.** Ci saranno degli obiettivi più importanti rispetto ad altri, che quindi dovranno essere perseguiti prima e con maggiore impegno. Devi fare una lista delle priorità, perché senza di quella corri il rischio di perderti nel mucchio, desiderare di far tutto e alla fine scoprire di non essere riuscito a far nulla (o poco più di niente);

- **datti delle scadenze.** Qualche obiettivo potrà essere raggiunto in poche settimane, altri in mesi, oppure alla fine dell'anno. Ogni obiettivo deve avere un tempo e una data credibile entro la quale deve essere perseguito. Per esempio: se per laurearsi ci vogliono mediamente cinque anni è inutile che Ti poni l'obiettivo di farlo in un solo anno, è impossibile anche per le tempistiche della scuola. Poniti invece l'obiettivo di fare un certo numero di esami ogni anno e rispetta quella media;

- **definisci degli elementi per misurare i risultati.** Metti per iscritto come si possa arrivare a quel dato obiettivo, il tipo di percorso migliore per raggiungerlo prima, se è opportuno usare un certo tipo di strumento anziché altri, se hai bisogno di aiuto ed eventualmente a chi puoi chiederlo ecc. *Misurare i risultati offre due vantaggi*: Ti permette di *capire quando sei vicino* al raggiungimento degli obiettivi e, soprattutto, di *toccare con mano* i risultati che hai già ottenuto, rallegrandoti con Te stesso e impedendoti di demoralizzarti. Per esempio: se l'obiettivo è di tornare in forma fisica per l'estate è opportuno prepararsi una scaletta con un percorso sportivo da mettere in atto a partire dal momento in cui hai deciso fino a giugno. Struttura un percorso ben preciso, che tenga conto di determinati miglioramenti mese per mese, sarà più facile controllare i risultati e se non dovessero essercene… non potresti prendertela con nessuno, la colpa sarebbe solo Tua;

- **individua degli elementi per visualizzare il Tuo obiettivo.** Più informazioni metti per iscritto su come sia fatto il Tuo obiettivo, più facilmente riuscirai a renderlo visivo e sentirlo dentro di Te. Non sottovalutare la mente umana: la *visualizzazione delle cose è potente, aiuta e rafforza la persona a credere in positivo* e quindi a cercare di raggiungere quello che ci si è prefissati. Per esempio: se il Tuo obiettivo è cambiare la macchina, cerca di precisare quale auto vorresti avere: il modello e il colore; chiediti se ha i cerchi in lega, il volante in pelle, gli interni in radica. Il profumo degli interni, lo senti? I sedili sono comodi? Usa i cinque sensi: tatto, gusto, olfatto, vista e udito. Metti per iscritto ogni tipo di sensazione e immagine e torna spesso a rileggerti gli appunti, facendo iniezioni di fiducia.

Mi considero una persona onesta e mi è impossibile garantirti che seguendo i miei consigli i Tuoi obiettivi si materializzeranno con certezza, molto dipenderà dall'impegno che ci metterai, **anche e soprattutto dalla Tua capacità di CREDERCI.** Crederci:

questo è il punto focale. Ma Tu, quanto ci credi? Quanto credi siano realizzabili gli obiettivi che Ti sei posto? Quanta fiducia hai nel fatto di riuscire a raggiungerli? Tanta? Poca? Per nulla? Perché vedi, se non ci credi già Tu... sarà molto difficile che possano credere gli altri e, soprattutto, che la *provvidenza* Ti aiuti. Un vecchio proverbio recita così: **«aiutati, che Dio Ti aiuta»**.

Ti invito a leggere le biografie di personaggi importanti del mondo di oggi quali **Bill Gates, Anthony Robbins, Steve Jobs, Larry Page e Sergey Brin** (gli inventori di Google), **Luciano Benetton, Mariuccia Prada, Diego Della Valle, Valentino Rossi, Silvio Berlusconi** ecc. Ma anche di personaggi di ieri come **Aristotile Onassis, beata Madre Teresa di Calcutta, Benjamin Franklin, Henry Ford, Pelé**. E potrei fare un elenco molto più lungo. Scoprirai che queste persone avevano tutte qualcosa in comune: **sapevano quello che volevano e, soprattutto, credevano di poterlo ottenere.**

Dammi retta: **abituati a focalizzare i Tuoi obiettivi.** Dedica quattro o cinque ore al lavoro di stesura iniziale, poi torna spesso a riprendere in mano gli appunti con l'elenco dei Tuoi obiettivi;

correggili, aggiornali, annota i risultati conseguiti. Con il tempo ne sarai ripagato con gli interessi. Da molti anni, ormai, verso la fine dell'anno faccio questa operazione: **scrivo i miei obiettivi e poi li aggiusto strada facendo**.

Ogni mese torno a leggermeli e a immaginarmi nell'atto di raggiungerli. Ogni volta provo delle emozioni nuove, positive, che si uniscono alle precedenti. Ogni volta scopro quanto mi sono avvicinato a loro o magari mi rendo conto di essere "fuori pista". Se sono vicino assaporo intensamente le emozioni positive. Se sono lontano aggiusto la rotta e torno a puntare dritto verso i miei obiettivi.

Segreto n° 40: scopri quello che vuoi veramente e pensa a come fare per ottenerlo. Aiutati mettendo per iscritto i Tuoi obiettivi e gli strumenti che Ti servono per raggiungerli.

Spesso, le persone hanno paura, hanno timore di fare una scelta. Tentennano, abbozzano una decisione e poi lasciano correre, rimandandola a chissà quando. A volte vanno avanti per giorni senza avere il coraggio di *scegliere*. Restano lì, nell'attesa, come se il *non scegliere* possa preservarli da chissà quali errori. Ma è proprio non scegliendo nulla, rimandando continuamente, che si commette l'errore maggiore.

Come essere umano ho un dono: **il grande potere di scegliere e di agire.** Un dono che fortunatamente anche Tu hai. Ciò che io sono, ciò che Tu sei, è il risultato di tante scelte fatte nel corso della nostra vita. Ogni scelta fatta possiamo paragonarla ad un mattone: *mattone dopo mattone costruisci la Tua vita.* Ogni azione che hai compiuto, ogni parola che hai detto, ogni decisione che hai preso diventa una parte di Te. Anche le *non scelte* fanno parte di Te.

Scegliere non è facile. Personalmente non conosco nessuno che abbia sempre fatto *le scelte giuste.* Scegliendo si può anche sbagliare, ma non scegliendo è come se rimettessimo la nostra vita nelle mani di qualcun altro. Ci sono scelte facili e altre difficili, ma sei sempre Tu che devi prenderle. Alcune potranno sembrarti obbligate, oppure molto scomode; qualsiasi cosa accada sappi però che dipende sempre da Te: **sei Tu che "scegli" di fare o non fare una cosa.**

Dare la colpa al destino, prendersela con l'oroscopo, con le opportunità che non arrivano, oppure, peggio ancora, con le persone che Ti sono vicino, non serve a nulla. **Anche Tu puoi scegliere e di conseguenza agire** ed è giusto farlo, assumendosi poi le responsabilità di quelle scelte (o non scelte), senza farle ricadere su altri. Sono rare le occasioni in cui non si ha possibilità di scelta. Penso, ad esempio, ad una persona malata: probabilmente non ha scelto lei di esserlo. Ma anche in questi casi, abbiamo il potere di scegliere *come reagire* alla malattia.

Come ho già affermato nelle pagine precedenti, scegliendo si può anche sbagliare, ma non scegliendo nulla si commette un errore ancora più grande. Ogni volta che credi di non aver nessuna scelta o nessun potere sulle Tue esperienze di vita, neghi la cosa più importante di cui disponi: **il potere di scegliere.**

Il grande **Og Mandino** diceva: «*Usa saggiamente il tuo potere di scelta*». Hai molte più probabilità di scelta di quanto Tu possa pensare. Hai molto più potere sulla Tua vita di quanto Tu possa immaginare. Puoi cambiare la Tua vita e addirittura la persona che sei grazie al Tuo potere di scelta. Puoi usarlo scegliendoti per "compagni" dei pensieri negativi e continuando a credere di non essere capace di far nulla, oppure puoi cominciare a pensare di essere in grado di cambiare la Tua vita in meglio, agendo subito per dare immediatamente corpo ai Tuoi pensieri positivi. Anche Tu puoi scegliere: fallo!

Segreto n° 41: come essere umano hai il grande potere di scegliere e di agire. Non demandarlo mai a nessuno.

La paura di sbagliare porta le persone a *non scegliere di agire* e a rimandare continuamente le cose. Vorrei rafforzare dentro di Te la convinzione che *agire* è molto meglio che rimandare continuamente le scelte. Proprio questa mattina, nel rileggere casualmente una vecchia copia di *Mente & Cervello* del Marzo 2007, ho scoperto con piacere che è stata condotta una ricerca, durata ben dieci anni, su questo argomento; precisamente è stata pubblicata da **Piers Steel** dell'Università di Calgary (Canada), sull'**American Psychological Association's Psychological Bulletin.** Tu credi alla casualità? Io no, penso piuttosto che sia un segno del destino, così ho deciso di aggiungere anche il riferimento alla ricerca.

Il dottor Steel, spiega che «*uno dei miti da sfatare è quello che afferma che procrastinare sia sinonimo di perfezionismo. Infatti*», continua Steel «i perfezionisti temporeggiano poco, se possono, perché sono molto preoccupati di far bene quella certa cosa».

Dalla ricerca emergono anche i sintomi tipici che smascherano una persona che rimanda di continuo:

- avversione per gli incarichi;
- impulsività;
- facilità a distrarsi;
- scarsa motivazione.

Appartengono anche a Te? Se la risposta è sì, sappi che rimandare le cose a domani non è per nulla sinonimo di perfezionismo, anzi, mi permetto di farti riflettere, ponendoti nuovamente questa domanda: **quante volte Ti sei fatto scappare un'opportunità perché avevi paura di sbagliare?**

Ricordati che i limiti che Ti poni da solo, per paura di sbagliare, possono essere molto difficili da superare. La vita è bellissima e merita di essere vissuta intensamente, anche sbagliando, se occorre; e poi non vi può essere *conoscenza e apprendimento* senza errore. Pensa a quanto possa diventare ricca e stimolante la Tua vita se Ti *concedi qualche errore.* Solo così puoi scoprire cose nuove. Solo così puoi apprendere e imparare. Solo così puoi scoprire i Tuoi limiti: agendo e sbagliando e poi sbagliando e nuovamente agendo.

Smettila di aver paura di sbagliare… Cosa pensi che Ti possa capitare? Al massimo di *sbagliare.* E adesso immagina per un solo istante di non scegliere, di non agire, di non far nulla e di rimandare a domani, proprio per paura di sbagliare… Cosa pensi che Ti possa capitare? **Nulla assolutamente nulla.** E credimi, quel **non fare nulla è peggio che sbagliare**. Come Ti ho già detto: **sbagliando s'impara.**

Come essere umano hai molte capacità e risorse. Evita di "seppellirle" per paura di sbagliare. Un giorno, forse neppure lontano, potresti voltarti indietro e avere il rimpianto di *non averci provato.* Quel giorno sarà tardi.

Segreto n° 42: osa senza avere paura di sbagliare. Perché chi sbaglia raramente, raramente scopre qualcosa di nuovo.

Esercizio

Scegli una cosa che avresti voluto fare già da tanto tempo. Comincia con qualcosa di semplice, che però sia importante per Te; qualcosa che Tu non hai mai avuto il coraggio di fare per paura di sbagliare. Mettila per iscritto:

____

____

____

____

Adesso non Ti resta che una sola cosa: **falla, ora.** Dopo che l'hai fatta, scegline una un pochino più difficile, e poi, una più difficile ancora. Ti sorprenderai di scoprire quanto sei capace di *agire*.

E se anche sbagli… **pazienza! Puoi sempre ricominciare.**

RIEPILOGO DEL CAPITOLO 7:

SEGRETO n° 32: avere una mente *fervida e creativa* è importante perché ci permette di sognare e immaginare continuamente obiettivi da perseguire e da raggiungere.

SEGRETO n° 33: a forza di piccoli passi si arriva lontano. Molto lontano.

SEGRETO n° 34: se decidi di andare avanti e agire, potresti anche sbagliare. Se decidi di restare fermo e aspettare, sicuramente sbaglierai.

SEGRETO n° 35: se impari a usare i Tuoi sogni per indirizzarli verso qualcosa di costruttivo, di realizzabile, molto spesso finisci per costruire nella realtà quello che sogni.

SEGRETO n° 36: sbagliare è umano. Sbagliare perché hai paura di sbagliare è da sciocchi. Molto meglio sbagliare *facendo,* almeno impari qualcosa.

SEGRETO n° 37: se vuoi crescere devi imparare a lamentarti di meno, a parlare di meno delle cose che potresti o non potresti fare, e agire di più. L'Azione genera il successo; quindi le persone di successo agiscono.

SEGRETO n° 38: la legge di causa ed effetto afferma che tutto ciò che dirai o farai causerà un effetto: stai attento a ciò che dici e stai attento a ciò che fai.

SEGRETO n° 39: il segreto del successo nella vita è nell'AGIRE. Comincia ora, subito, senza rimandare a domani.

SEGRETO n° 40: scopri quello che vuoi veramente e come fare per ottenerlo. Aiutati mettendo per iscritto i Tuoi obiettivi e gli strumenti che Ti servono per raggiungerli.

SEGRETO n° 41: come essere umano hai il grande potere di scegliere e di agire. Non demandarlo mai a nessuno.

SEGRETO n° 42: osa senza avere paura di sbagliare. Perché chi sbaglia raramente, raramente scopre qualcosa di nuovo.

Conclusione

Sei dunque giunto al termine dell'ebook. Ho cercato di trasmetterti le mie esperienze, le mie sensazioni, le mie credenze. Spero di essere riuscito a farti capire che cose banali quali *credere in se stessi, pensare in positivo, agire con entusiasmo, avere maggiore autostima, essere umili per continuare a imparare, sognare,* sono importantissime!

Ti dirò di più: sono fondamentali per raggiungere il Tuo personalissimo successo. Purtroppo, proprio perché sono banali e semplici, la gente le sottovaluta e difficilmente le prende in considerazione; il più delle volte le snobba e così facendo si pregiudica il successo. Permettimi un consiglio: **Tu evita di farlo.** Cerca di applicare le regole con impegno e umiltà, con costanza, determinazione e sudore, credendo in quello che fai, anche se consapevole delle difficoltà che dovrai affrontare. **Fai seguire alle regole l'azione.** Agisci ogni giorno. Agisci con la politica dei piccoli passi e sono certo che prima o poi giungerai anche Tu al successo.

AZIONI:

1. Comincia con l'imparare a conoscere il Tuo cervello e le sue splendide potenzialità. Sono certo che Ti stupirai di apprendere quante cose sei capace di fare.

2. Ricordati che Tu sei quello che credi di essere. Se credi di essere un vincente, sono certo che riuscirai a diventarlo. Se credi di essere un perdente, purtroppo, riuscirai a diventare anche quello.

3. Alimenta la Tua mente di pensieri e comandi positivi. Fallo costantemente, fallo anche e soprattutto quando le cose non vanno bene. Se tieni la Tua mente occupata da pensieri positivi, difficilmente riuscirà a nutrirsi di cose brutte e negative.

4. Impara a difenderti dalla cattiveria della gente. Le persone sono gelose e invidiose e tendono quasi sempre a *distruggere* anziché *creare*. Stai lontano da queste persone e fa' l'esatto contrario di loro. Raggiungi i Tuoi obiettivi costruendo qualcosa di buono per Te e per gli altri.

5. Amati per quello che sei e non per quello che vorresti diventare. Se impari ad amarti per quello che sei oggi, presto migliorerai e diventerai la persona dei Tuoi desideri. Accresci la Tua Autostima giorno dopo giorno, goccia dopo goccia.

6. Sii sempre umile, apri la Tua meravigliosa mente e continua a imparare. Più cose apprendi, più crescerà dentro di Te la consapevolezza di *sapere* e con il *sapere* Tu sconfiggerai i Tuoi Timori e le Tue paure. Apprendi sempre di più per conoscere e se conosci smetterai di aver paura.

7. Comincia a sognare in grande e agisci in piccolo. Crea i Tuoi sogni, colorali, riempili di cose belle e di emozioni. Assaporali con i Tuoi cinque sensi e dopo che lo hai fatto, comincia a lavorare per raggiungerli, mattone dopo mattone. La politica dei piccoli passi Ti porterà lontano. Definisci i Tuoi obiettivi e i Tuoi sogni per iscritto, arricchiscili di dettagli e datti gli strumenti di controllo e di verifica; stabilisci un periodo per raggiungerli e comincia subito. Agisci ora, agisci subito.

Sette punti per agire. Sette giorni per sviluppare, giorno per giorno, un punto diverso. Prenditi le prossime tre settimane per Te, potrebbero cambiare completamente la Tua vita.

Settimana 1. Ogni giorno leggi un capitolo diverso e quando sei arrivato in fondo all'ebook, ricomincia da capo.

Settimana 2. Questa volta leggi il capitolo e comincia a fare gli esercizi collegati. Fare gli esercizi è fondamentale: è la sottile linea che divide la teoria dalla pratica. Ogni giorno rileggi un capitolo e fa' gli esercizi di riferimento. Alla fine della seconda settimana avrai letto l'ebook ben due volte e, soprattutto, avrai cominciato a mettere in pratica la filosofia in esso contenuta.

Settimana 3. Adesso sei pronto per osare: comincia ad applicare, giorno per giorno, un capitolo dell'ebook nella Tua vita reale. Nota come cambiano le percezioni intorno a Te. Nota le nuove sensazioni che entrano nella Tua vita. Vai avanti, arriva a fine settimana e applica, ogni giorno, un capitolo diverso.

Mentre finisci di leggere le ultime pagine di questo ebook e cominci a pensare a come puoi applicare le cose che hai letto nella realtà della Tua vita, Ti guardi intorno e diventi sempre più consapevole che anche la Tua autostima può migliorare e salire verso l'alto e che ora puoi finalmente cominciare a pensare in positivo.

Benvenuto nel *Club del Pensiero Positivo.* Se vuoi iscriverti nella mia mailing list, Ti basta visitare il mio sito web personale <u>www.giancarlofornei.com</u>

Le cose non sono sempre quello che sembrano. Chiudo l'ebook con un racconto pieno di significati, che ci fa capire come spesso siamo prevenuti nei confronti delle persone e di quello che ci accade intorno.

Un giorno due angeli viaggiatori si fermarono per passare la notte nella casa di una ricca famiglia: era una famiglia di persone molto avare e si rifiutarono di far dormire i due angeli nella camera degli ospiti, infatti, concessero agli angeli solo un piccolo spazio fuori, sul duro e freddo pavimento del pergolato davanti alla casa.

Mentre si preparavano come potevano un letto per terra, il più vecchio degli angeli vide un buco nel muro e lo riparò: quando l'angelo giovane gli chiese perché, lui rispose soltanto: «*Le cose non sono sempre quello che sembrano*».

La notte dopo la coppia di angeli cercò riparo nella casa di una famiglia molto povera ma molto ospitale. Furono accolti da un contadino e da sua moglie. Dopo aver diviso con gli angeli il seppur poco cibo che avevano, i contadini cedettero loro i propri letti; qui i viaggiatori, finalmente, si poterono riposare comodamente. Quando il sole si levò, la mattina dopo, gli angeli trovarono l'uomo e sua moglie in lacrime: la loro unica mucca, la sola loro fonte di sostentamento, giaceva morta nel campo.

Il giovane angelo ne fu infuriato e chiese al più vecchio come avesse potuto lasciare accadere una cosa del genere: «Al primo uomo, che pure aveva tutto, hai fatto un favore» lo accusò, «Questa famiglia seppure aveva pochissimo, era pronta a dividere tutto, e tu hai lasciato la mucca morire!»

«Le cose non sono sempre quello che sembrano» replicò l'angelo, «Quando eravamo nel cortile della villa ho notato che c'era dell'oro nascosto nel muro e che si poteva scoprire grazie a quel piccolo buco. Siccome quell'uomo era dannatamente avaro e ossessionato dal denaro io ho riparato quel buco, così non avrebbe trovato anche quella ricchezza. La notte scorsa, quando dormivamo nel letto del contadino, l'angelo della morte è venuto per sua moglie. Io invece di lei gli ho dato la mucca: **le cose non sono sempre quello che sembrano.»**

Ringraziamenti

Volevo ringraziare mia moglie Paola e i miei figli Sebastian e Mattia, che, seppur in maniera ironica, mi hanno spinto e motivato sempre di più a scrivere questo ebook. A Paola un ringraziamento speciale per il brillante lavoro di ironia.

Desidero esprimere la mia gratitudine all'Ing. Bruno, che ha creduto nel progetto e pubblicato il mio lavoro su Autostima.net.

Grazie a David Di Luca, perfetto collaboratore, ma prima di tutto sincero amico. Devo a lui se i miei siti sono sempre aggiornati. Un grazie anche a Italo Pentimalli del portale *Più che puoi*, il primo a credere in me a pubblicare i miei articoli.

Grazie a tutte le persone che hanno partecipato ai miei seminari e fatto coaching con me, sono loro che mi hanno dato numerosi spunti e mi hanno incoraggiato a scrivere. Grazie anche a tutte le persone iscritte alla mia mailing list, che leggendo i miei scritti e ponendomi domande, mi hanno costantemente motivato ad andare avanti nel mio progetto, per la verità un po' utopico: aiutare le persone attraverso le cose che sapevo fare meglio: **ascoltare, motivare e comunicare.**

Per concludere, un sentito grazie a tutti coloro che leggendo il mio ebook vorranno divulgare il **Pensiero Positivo** e il mio credo al maggior numero di persone con cui entreranno in contatto. Un grazie sincero a tutti.

Giancarlo Fornei

www.ingramcontent.com/pod-product-compliance
Lightning Source LLC
LaVergne TN
LVHW020320200726
843507LV00012B/2178